LLAMADA DE AYUDA

A Los Pobres y Necesitados

PATRICIA SAID ADAMS

Llamada de Ayuda A Los Pobres Y Necesitados

Derechos de Autor © 2022 por Patricia Said Adams.

LIBRO: ISBN: 978-1-63812-574-7
Libro Electrónico ISBN: 978-1-63812-575-4

Todos los derechos reservados. Queda prohibida la producción y transmisión total o parcial de este libro en cualquier forma o por cualquier medio, electrónico o mecánico, incluyendo fotocopia
grabación o por cualquier sistema de almacenamiento y recuperación de información, sin permiso escrito del propietario de los derechos de autor.

Las opiniones expuestas en esta obra son exclusivamente las del autor y no reflejan necesariamente los puntos de vista de la editorial, que por la presente declina toda responsabilidad al respecto.
Publicado por Pen Culture Solutions 12/26/2022

Pen Culture Solutions
1-888-727-7204 (USA)
1-800-950-458 (Australia)
support@penculturesolutions.com

Introducción..i

Capítulo 1: *Enseñanzas Bíblicas sobre los Pobres y los Necesitados*..1

Capítulo 2: *¿Quién lo Necesita?*..13

Capítulo 3: : *¿Cómo Ayudar a los Pobres y Necesitados?*...............21

Capítulo 4: *¿Vemos a Jesús en el Prójimo?*...................................27

Capítulo 5: *Los Pobres Siempre Estarán Con Nosotros*.................33

Capítulo 6: *Bendiciones y Maldiciones*..39

Capítulo 7: *Monarcas y Ricos*..45

Capítulo 8: *Comunidad*...51

Comunidad 9: *Justicia Reparadora*...59

Comunidad 10: *Si Nos Tomamos En Serio Esta
    Llamada De Ayuda*..67

Comunidad 11: *Nuevas Iniciativas*...75

Comunidad 12: *Del Olvido a la Conciencia*..................................83

Comunidad 13: *Conclusión: Confíe en Dios*................................89

Acerca del Autor

Introducción

La idea de este libro surgió de una llamada de Dios que escuché en enero de 2018 para hacer un vídeo sobre la ayuda a los pobres y necesitados. Mientras hacía la investigación para el guión de ese video, me quedó claro que este era un tema vasto y complejo que necesitaba mucha más atención que un video de veinte minutos. Y así, me di cuenta de que me estaban pidiendo que escribiera un libro sobre este tema.

Hasta que consulté todos los versículos de la Biblia sobre la ayuda a los pobres y necesitados, no tenía ni idea de que era un gran tema tanto del Antiguo como del Nuevo Testamento. Hay más de dos mil versículos sobre ayudar al pobre, al necesitado, al desconocido y al extranjero. A estas personas las juzgamos por no ser dignas o por no trabajar lo suficiente. No se parecen a nosotros. No actúan como nosotros. Y por eso nos separamos de ellos. Los vemos como inferiores a los humanos. Son las historias que creemos, que contamos sobre "esas personas", las que determinan cómo las tratamos y justifican el trato que les damos.

Pensemos en la forma en que muchos de los primeros estadounidenses blancos "creían" que los africanos traídos a nuestro país eran inferiores a los humanos, por lo que podían esclavizarlos, golpearlos, separarlos de sus familias e incluso llegar a lincharlos, todo ello debido a la creencia generalizada entre los blancos de que los africanos, y más tarde los afroamericanos, no eran seres humanos en su totalidad. La esclavitud, y gran parte de la primitiva economía estadounidense, se construyeron sobre esta mentira. El legado de ese sistema de creencias afecta hoy a muchos de nuestros compatriotas.

Podemos verlo hoy cuando nuestro presidente califica a los inmigrantes latinos de "violadores" y "asesinos"[1] cuando el ICE los persigue, separando a niños pequeños, incluso bebés, de sus padres. Proporcionamos alojamientos inhumanos y ningún tratamiento médico a los detenidos. Nuestra política oficial estadounidense es que estos inmigrantes no merecen ser tratados como seres humanos.[2]

Y, sin embargo, estas son las personas que nos preocupan, que nos recuerdan que nosotros también somos vulnerables: ¿podría alguno de nosotros estar en su pellejo algún día?

Olvidamos que nosotros también hemos sido maltratados. Nosotros tampoco hemos estado a la altura de las expectativas de los demás. Nosotros también nos hemos sentido extraños en algunos círculos.
Nosotros también hemos sufrido desprecios y la falta de cosas esenciales. Nosotros también hemos sido heridos.
Nosotros tampoco somos seres humanos perfectos.
Nosotros también compartimos el 99,99% de nuestro ADN con todos los demás seres humanos.

Olvidamos que Dios creó este sistema interdependiente de plantas, animales y seres humanos. Cada parte de la creación y cada criatura, cada ser humano, ha sido creado por Él, y debemos honrarlo todo, incluidos todos los seres humanos, pues el Creador garantiza la supervivencia de todas las especies, ya sean vegetales o animales. No hay una sola persona que no sea hija de Dios, hecha a Su imagen (Génesis 1:27). Ese es nuestro legado y nuestra promesa: que somos

---

1 Carolina Moreno, "9 Cosas Indignantes que Donald Trump Ha Dicho sobre los Latinos", Huffington Post, 31 de agosto de 2015, actualizado el 9 de noviembre de 2016, https://www.huffpost.com/ entry/9-outrageous-things-donald-trump-has-said-about-lat inos_n_55e483a1e4b0c818f618904b.

2 Dara Lind, "La Separación de Familias en la Frontera por parte de la Administración Trump, explicada", Vox, actualizado el 14 de agosto de 2018, https://www.vox. com/2018/6/11/17443198/children-immigrant-families-separated-parents.

LLAMADA DE AYUDA A LOS POBRES Y NECESITADOS

hijos de Dios y merecemos ser tratados como tales, seamos ricos o pobres, negros o blancos, latinos o asiáticos, africanos o estadounidenses. No hay diferencias entre nosotros que pueda separarnos del amor de Dios. Todos los seres humanos somos acogidos por Dios cuando volvemos a Él, cuando nos arrepentimos y cambiamos de vida, independientemente de lo que hayamos hecho.

Como nación, tenemos conflictos sobre el bienestar. Tenemos más personas que no pueden pagar la atención médica que cualquier nación europea, debido al temor de que cuidar a los necesitados nos hará obtener una etiqueta de socialismo. En octubre de 2019, el New York Times informó de que en junio de 2018 había un millón de niños menos cubiertos por Medicaid que en diciembre de 2017.[3] ¿Cómo podemos dejar atrás a nuestros niños? Cómo podemos no cuidar de ellos independientemente de por qué necesitan asistencia médica? El objetivo de este libro es explorar lo que dice la Biblia sobre el cuidado de los pobres y necesitados, y luego reflexionar sobre el llamado de Dios a cada uno de nosotros sobre lo que debemos hacer por ellos.

¿Quién debe ayudar a los pobres y necesitados? ¿Es sólo un trabajo para las iglesias, como propuso el presidente George Bush[4], o nuestra política pública debería asumir toda la parte de lo que nuestra economía hace a las personas marginadas? ¿Pensamos que todas las "madres del bienestar" son estafadoras, o vemos la gran necesidad que hay en nuestro país cuando nuestra economía deja de lado a los pobres, a los trabajadores contratados, cuando cierra las fábricas? ¿Pagamos a los directores generales un 940% más de lo que ganaban

---

3 Abby Goodnough y Margo Sanger-Katz, "Medicaid cubre menos niños. El bebé Elijah era uno de ellos". New York Times, 22 de octubre de 2019, actualizado el 25 de octubre de 2019, https://www.nytimes.com/2019/10/22/upshot/medicaid-uninsured-children.html.

4 "El presidente George Bush anuncia un plan de "iniciativas basadas en la fe"", History, 7 de febrero de 2002, https://www.history.com/this-day-in-history/ president-george-w-bush-announces-plan-for-faith-based-initiatives.

en 1978, mientras que el salario medio de los trabajadores sólo ha aumentado un 11,9% en ese mismo periodo de tiempo?[5]

El Señor ha pasado los últimos diecisiete años preparándome para este tema. He aprendido a abrazar a las personas que no han disfrutado del privilegio que yo tengo, a través de dos viajes a Haití, un período de tres semanas en el Centro Cultural México-Americano en San Antonio, un mes en Oaxaca viendo la vida ser verdaderamente celebrada por todos en eventos gratuitos al aire libre, un año entrevistando a clientes en el Ministerio de Asistencia de Crisis en Charlotte, y mucho más. Él ha preparado mi corazón y mi alma para lanzar esta invitación a los cristianos de todo el mundo: responder al llamado de Dios para ayudar a los pobres y necesitados.

Le invito a que se una a mí para ver lo que Dios ha dicho a lo largo del Antiguo Testamento, cómo Jesús continuó el tema, y más. Estudiaremos cómo los israelitas seguían y dejaban de seguir las leyes de Dios. Pero lo más importante es que consideraremos cómo ver y oír mejor lo que Dios nos está diciendo a cada uno de nosotros sobre nuestras propias actitudes y acciones, y cómo ver los mandamientos bíblicos a la luz del amor de Dios por todo su pueblo.I invite you to join me in looking at what God has said throughout the Old Testament, how Jesus continued the theme, and more. We'll study how the Israelites moved in and out of following God's laws. Most importantly, we will consider how to best see and hear what God is saying to each of us about our own attitudes and actions and how to see the Biblical commands in the light of God's love for all His people.

Al escribir este libro, la conclusión a la que he llegado es que nosotros, los de mayores ingresos y estatus socioeconómico,

---

5 https://www.epi.org/publication/ceo-compensation-2018/
de todas y cada una de las personas- y la misericordia: compasión por ellas, por su historia, por el rumbo que han tomado sus vidas. Dios nos llama a tratar a cada persona como alguien valioso que merece nuestro amor y cariño. Eso es lo que significa seguir a Jesús.

especialmente los blancos, tenemos mucho que aprender sobre Dios y sus caminos de aquellos cuyas circunstancias económicas más difíciles han ayudado a crear entre ellos una comunidad de conexión y aprecio. Este sentimiento de comunidad, de nuestra interconexión, es un gran valor para el reino de Dios.[6] Cuando vivimos en el reino de Dios, acogemos a todo el mundo independientemente de su educación, ingresos, raza o cualquier diferencia que pueda resultar obvia en la superficie. Celebramos lo que cada persona aporta a la mesa y nos apoyamos mutuamente en lo que es tan obvio para cualquiera en el reino: todos estamos conectados en la esencia de nuestro ser por el Espíritu del Dios vivo que ama y perdona y nos une a todos, porque todos fuimos hechos a imagen de Dios y somos sus hijos.

Acompáñeme en este viaje por el Antiguo y el Nuevo Testamento. Lea lo que Dios dice sobre los pobres y los necesitados y cómo debemos ayudarlos. Sobre todo, conéctese con Jesucristo a través del Espíritu Santo, y escuche lo que Él le dice sobre su propia llamada a ayudar a los pobres y necesitados. Y luego haga lo que Él le pida.

---

6 En mi libro ¡Que Venga a Nosotros su Reino! comparo el sentido de comunidad en el reino de Dios con el ágora, el mercado de la antigua Grecia.

Capítulo 1:

Enseñanzas Bíblicas sobre los Pobres y los Necesitados

El cuidado de los pobres y los necesitados es uno de los temas principales de la Biblia. Aparece en la historia del Éxodo y continúa en el Pentateuco (Levítico, Números y Deuteronomio), los libros históricos (desde Josué hasta Ester), los escritos poéticos y sapienciales (desde Job hasta el Cantar de los Cantares), los profetas mayores (desde Isaías hasta Daniel), los profetas menores (desde Oseas hasta Habacuc) y en el Nuevo Testamento (especialmente en los cuatro Evangelios).

La Biblia de la Pobreza y la Justicia, publicada en 2009, destaca los más de dos mil versículos que mencionan a los pobres y la injusticia en la Biblia. El pastor Rick Warren, autor de *La Vida con Propósito*, inspiró esta nueva versión de la Biblia. "Fue el pastor estadounidense Rick Warren quien empezó a dar los primeros pasos. Ha estudiado teología, dijo, ha sido pastor durante décadas, así que ¿cómo pasó por alto más de dos mil versículos que hablan del corazón de Dios por los pobres?"[7] Dios nos llama a ayudar a los pobres y necesitados; si no lo hacemos, no estamos en la voluntad de Dios.

Los versículos a lo largo de este libro representan los diversos matices que la Biblia da a esta llamada a servir a los pobres y necesitados y a hacer frente a las injusticias que causan privaciones económicas y emocionales y espirituales. Los Diez Mandamientos no nos dicen

---

7 https://biblesociety.ca/newsletters/Winter2009WaW/feature_1806.html

específicamente que ayudemos a los demás, pero se nos prohíbe asesinar, cometer adulterio, robar, mentir o codiciar cualquier cosa que pertenezca a nuestro prójimo. Cualquiera de esos actos afectaría a nuestro prójimo económica y emocionalmente. Al despojar a un prójimo de su propiedad o sus bienes; al violar su persona, su esposa o sus hijos, envidiando o codiciando lo que tiene, una persona violará los últimos cinco mandamientos.

Es sobre todo nuestra falta de gratitud a Dios por todo lo que nos ha dado, incluida aquella por nuestra vida aquí en este planeta, lo que nos permite mentir, engañar, codiciar o asesinar. Cuando miramos lo que otro tiene y nosotros no, o pensamos lo fácil que es su vida comparada con la nuestra, cuando dejamos que la ira gobierne nuestras vidas, cuando no vemos nuestro propio pecado y lo proyectamos en otro, cuando no aceptamos nuestro propio dolor y sufrimiento, estas actitudes nuestras nos permiten maltratar a otros, incluso hasta el punto de asesinar.

Dios, nuestro Creador, creó a los seres humanos de una determinada manera. Se nos otorgaron ciertas libertades, incluido el libre albedrío. Pero los Diez Mandamientos reflejan cómo podemos disfrutar mejor de nuestras vidas y realizar nuestra creación: es decir, siguiendo estas leyes y los principios que hay detrás de ellas, que Jesús redujo a dos mandamientos: amar a Dios con todo el corazón, la mente, el alma y las fuerzas, y amar al prójimo como a uno mismo (Mateo 22:34-40, Marcos 12:28-31, Lucas 10:25-28). Creo que estos principios y leyes también conforman nuestra conciencia, de manera que cuando seguimos nuestro propio calibrador interior innato, en realidad estamos siguiendo las leyes de Dios. Lo mismo puede decirse de los cinco primeros mandamientos sobre Dios y nuestros padres. Si volvemos a seguir nuestra conciencia y ponemos a Dios en primer lugar en nuestras vidas y honramos a nuestros padres, estaremos haciendo de nuevo aquello para lo que fuimos creados.

Lo que hace que nuestra conciencia y los mandamientos sean difíciles de seguir es que cada uno de nosotros se forma una visión personal de la vida a los seis años. Esta visión se compone de varios elementos: 1) la vergüenza y/o la culpa que sentimos por no poder obedecer las instrucciones de nuestros padres; 2) lo que nuestras familias nos enseñaron sobre la vida; 3) cualquier acontecimiento difícil o traumático de nuestras vidas; y 4) los valores de la cultura en la que crecemos. Cuanto más capaces somos de quitarnos de encima nuestra propia perspectiva personal, que distorsiona lo que vemos, más nos acercamos a los principios innatos de nuestra creación, más seguimos las leyes de Dios, no los caminos del mundo. Y ahí es donde experimentamos la paz, la alegría, el asombro y la gratitud, al expresar nuestro verdadero yo.

El Pentateuco

With that background, let us turn to what God says in the first five books of the Bible about helping the poor and needy and fighting injustice. The strongest statement in the Pentateuch is this: "I command you to be openhanded toward your fellow Israelites who are poor and needy in your land" (Deuteronomy 15:11). God, while leading the Israelites through the wilderness, enumerates the attitude one should have:

> Si el prójimo es pobre, no te vayas a dormir con su prenda en tu poder. Devuélvele su prenda antes de la puesta del sol para que tu prójimo pueda dormir en ella. (Deuteronomio 24:12-13)
> Págales su salario cada día antes de la puesta del sol, porque son pobres y cuentan con ello (Deuteronomio 24:14-15).
> Si alguno de tus paisanos se empobrece y no puede mantenerse entre vosotros, ayúdale como a un extranjero y forastero, para que pueda seguir viviendo entre vosotros(Levítico 25:35).
> Si alguien es pobre entre tus paisanos israelitas en cualquiera de las ciudades de la tierra que el Señor, tu Dios, te da, no seas duro de corazón ni tacaño con él (Deuteronomio 15:7).
> Cuando recojas la cosecha de tu tierra, no siegues hasta los bordes

de tu campo ni recojas las espigas de tu cosecha. No repases tu viña por segunda vez ni recojas las uvas caídas. Déjalas para el pobre y el extranjero. (Levítico 19:9-10)

No tomes un par de piedras de molino -ni siquiera la superior- como garantía de una deuda, porque eso sería tomar como garantía el sustento de una persona (Deuteronomio 24:6).

Los principios que Dios enuncia aquí se reducen a: no engañes ni abuses ni te apropies de lo esencial de un pobre o necesitado. Y ser generoso.

Un segundo tema, además de tratar bien a los pobres, no perjudicarlos económicamente y proporcionarles alimentos, es hacerles justicia. Muestra misericordia y compasión.

No deniegues la justicia a los pobres en sus pleitos. No tengas nada que ver con una acusación falsa y no condenes a muerte a una persona inocente u honesta. (Éxodo 23:6-7)

No tergiverses la justicia; no muestres parcialidad hacia el pobre ni favoritismo hacia el grande, sino juzga con equidad a tu prójimo (Levítico 19:15).

No muestres parcialidad al juzgar; escucha por igual a pequeños y grandes. No temas a nadie, porque el juicio pertenece a Dios. (Deuteronomio 1:17)

¿No es interesante que Dios no favorezca a los pobres en detrimento de los ricos, sino que pida que los tribunales traten a todos con justicia? Esto se asemeja a lo que dice Jesús en Mateo 5 sobre cómo creó Dios este mundo: "Hace salir su sol sobre malos y buenos, y hace llover sobre justos e injustos" (Mateo 5:45).

Los Libros Históricos

LLAMADA DE AYUDA A LOS POBRES Y NECESITADOS

En los libros históricos, de Josué a Ester, los israelitas empezaron conquistando la mayoría de los reinos de Canaán, treinta y un reinos en total, con la ayuda de Dios. Cuando Dios repartió la tierra, la dividió equitativamente entre las doce tribus. Y las tribus también debían distribuir la tierra equitativamente entre sus pueblos. Así, Dios les dio la tierra que les había ayudado a conquistar, una tierra que había prometido a los descendientes de Abraham, una tierra de leche y miel en la que prosperar, en la que florecer.

Incluso antes de la división de la tierra de Canaán entre las tribus, Dios esperaba que los israelitas no fueran capaces de atenerse a la ley ni a su culto a Dios (Deuteronomio 31:16). El modelo de la monarquía, de algunos ricos y muchos pobres, era el modelo del mundo y resultaría tentador para los israelitas. Fue durante el reinado de Samuel cuando los ancianos acudieron a él y le pidieron que nombrara un rey que le sucediera, porque no confiaban en sus hijos. Cuando Samuel le contó al Señor lo que su pueblo le pedía, el Señor respondió:

> "Escucha todo lo que te dice el pueblo; no es a ti a quien han rechazado, sino a mí a quien han rechazado como su rey. Lo mismo que han hecho desde el día en que los saqué de Egipto hasta hoy, abandonándome a mí y sirviendo a otros dioses, así están haciendo contigo. Ahora escúchalos, pero adviérteles solemnemente y hazles saber lo que el rey que reinará sobre ellos reclamará como sus derechos". (1 Samuel 8:7-9)

Samuel dio la advertencia como se le había indicado:

> "Tomará vuestros hijos para su ejército o para arar su tierra
> . . a tus hijas para perfumistas, cocineras y panaderas .
> . . lo mejor de tus campos, viñedos y olivares . . . la décima parte de tu grano y de tu cosecha . . . tus siervos y siervas y lo mejor de tu ganado, asnos y rebaños .
> y lo mejor de tus ganados, asnos y rebaños .
> . . seréis sus esclavos". (1 Samuel 8:11-17)

Los israelitas no escucharon a Dios, así que invitaron al tipo de monarquía que los había esclavizado en Egipto y que habían visto por todo el desierto y Canaán. Así que los israelitas iban a sufrir pobreza y opresión.

Escritos Poéticos y Sapienciales

En los Salmos, el Señor escucha los gritos de su pueblo como cuando eran esclavos en Egipto.

> Los malvados frustráis los planes de los pobres, pero el Señor es su refugio (Salmo 14:6).
> Este pobre clamó, y el Señor lo escuchó: lo salvó de todas sus angustias (Salmo 34:6).
> El Señor escucha al necesitado y no desprecia a su pueblo cautivo (Salmo 69,33).
> Él levanta al pobre del polvo y levanta al necesitado del montón de ceniza (Salmo 113:7).
> El Señor hace justicia a los pobres y defiende la causa de los necesitados (Salmo 140,12).
> Tú [Señor] has sido un refugio para el pobre, un refugio para el necesitado en su angustia, un refugio contra la tormenta y una sombra contra el calor (Isaías 25:4).

Cuando Job lo pierde todo, incluida la salud, Dios le dice: "Sus hijos deben compensar a los pobres, sus propias manos deben devolver sus riquezas" (Job 20:10), "porque ha oprimido a los pobres y los ha dejado en la miseria; se ha apoderado de casas que no construyó" (Job 20:19).

La historia de Job es un cuento con moraleja para cualquiera que robe u oprima a los pobres. Cuando Job se presenta humillado ante Dios, Él acepta esta oración:

> Seguramente hablé de cosas que no entendía, cosas demasiado maravillosas para que yo las supiera.

> Dijiste: "Escucha ahora, y hablaré; te interrogaré
> y tú me responderás".
> Mis oídos habían oído hablar de ti
> pero ahora mis ojos te han visto.
> Por eso me desprecio a mí mismo
> y me arrepiento en polvo y ceniza. (Job 42:3-6)

Dios le pidió a Job que rezara por sus amigos y le dijo que aceptaría esa oración. Entonces "el Señor restauró la fortuna [de Job] y le dio el doble de lo que tenía antes" (Job 42:10). En cierto modo, Job tuvo que sentirse pobre y necesitado, humillado ante el Señor, antes de ser bendecido.

Los Profetas Mayores

En la época de Isaías, alrededor del 700 a.C., la monarquía estaba bien establecida. Isaías gritó a la nación:

> ¡Ay de la nación pecadora!
> pueblo cuya culpa es grande, cría de malhechores, hijos
> entregados a la corrupción.
> Han abandonado al Señor
> han despreciado al Santo de Israel y le han dado la espalda.
> (Isaías 1:4)

Isaías está llamando al pueblo a volver al culto exclusivo de Dios y a seguir sus leyes, pero no sin advertirle contra el engaño y guiarle hacia la nobleza.

> Los canallas usan métodos perversos, inventan planes
> malvados
> para destruir a los pobres con mentiras
> incluso cuando la súplica del necesitado es justa. Pero los
> nobles hacen planes nobles
> y con nobles acciones se mantienen. (Isaías 32:7-8)

Los profetas, hablando en nombre de Dios, claman por los pobres y necesitados, y el Señor responderá a sus oraciones. "Yo, el Señor, responderé [a los pobres]; yo, el Dios de Israel, no los abandonaré" (Isaías 41,17). Jeremías escribe: "Defendió la causa de los pobres y necesitados, y así todo salió bien. ¿No es eso lo que significa conocerme?', declara el Señor". (Jeremías 22:16) Hay una fórmula en juego aquí: cuando seguimos las leyes de Dios, seremos bendecidos; cuando no, seremos maldecidos.

Ezequiel, durante el exilio babilónico, continuó la condena de los israelitas en el siglo VI a.C.

> Come en los santuarios de las montañas. Mancilla a la
> mujer de su prójimo.
> Oprime al pobre y al necesitado. Comete robos.
> No devuelve lo que tomó en prenda. Hace cosas detestables.
> Se presta a interés y saca provecho. (Ezequiel 18:11-13)

Dios ha advertido a Su pueblo a lo largo de todo el Antiguo Testamento que el desprecio desenfrenado de Sus leyes y la falta de adoración a Él causarían grandes estragos en su nación.

Los Profetas Menores

Amós, que escribió en el siglo VIII a.C., volvió a insistir en el cumplimiento de la ley.

> Buscad el bien, no el mal, para que viváis.
> Entonces el Señor Dios Todopoderoso estará con vosotros,
> tal como decís que está.
> Odia el mal, ama el bien; mantén la justicia en los
> tribunales.
> Tal vez el Señor Dios Todopoderoso se apiade del remanente
> de José. (Amós 5:14-15)

LLAMADA DE AYUDA A LOS POBRES Y NECESITADOS

Pero escribió en el capítulo 8: "El Señor ha jurado por sí mismo, el Orgullo de Jacob: 'Nunca olvidaré nada de lo que han hecho'" (Amós 8:7). No debemos olvidar que nuestro Dios omnisciente lo sabe todo. Todos los profetas se quejaban de lo lejos que se había alejado Israel de la ley y de Dios, pero ¿los israelitas escuchaban? Así es como Zacarías, escribiendo a finales del siglo VI a.C., relata su reacción:

Pero se negaron a prestar atención; obstinadamente dieron la espalda y se taparon los oídos. Endurecieron su corazón como el pedernal y no quisieron escuchar la ley ni las palabras que el Señor Todopoderoso había enviado por su Espíritu a través de los profetas anteriores. Así que el Señor Todopoderoso se enojó mucho.

"Cuando llamé, no escucharon; así que cuando llamaron, no quise escuchar", dice el Señor Todopoderoso. "Los dispersé con un torbellino entre todas las naciones, donde eran extranjeros. La tierra que dejaron atrás quedó tan desolada que nadie la recorrió. Así desolaron la tierra placentera". (Zacarías 7:11-14)

El Nuevo Testamento

Retomando el tema del Antiguo Testamento de ayudar a los pobres y necesitados, Jesús citó a Isaías al comienzo de su ministerio en Nazaret:

El Espíritu del Señor está sobre mí, porque el Señor me ha ungido para anunciar la buena nueva a los pobres.
Me ha enviado a anunciar la libertad a los presos y la vista a los ciegos
para liberar a los oprimidos
a proclamar el año de gracia del Señor. (Lucas 4:18-19)

Jesús lanza el guante del cuidado de Dios por los pobres. En la parábola de las ovejas y los cabritos, va aún más lejos cuando dice a las ovejas: "En verdad os digo que todo lo que hicisteis a uno de estos hermanos míos más pequeños, a mí me lo hicisteis" (Mateo 25:40). Cuando ayudamos a los pobres y necesitados, estamos cuidando y sirviendo al Señor mismo. Los "machos cabríos" que no hicieron nada para ayudar a los pobres y necesitados están condenados al "castigo eterno" (Mateo 25:46).

En el libro de Marcos, Jesús cuenta dos historias relacionadas con nuestro tema: la del joven rico y la de la viuda pobre. Cuando el joven rico pregunta a Jesús qué tiene que hacer para alcanzar la vida eterna, Jesús le responde: "Anda, vende todo lo que tienes y dáselo a los pobres, y tendrás un tesoro en el cielo. Luego ven y sígueme". (Marcos 10:21) El joven se aleja tristemente. Y Jesús, con gran simpatía, dice a sus discípulos: "¡Qué difícil es para los ricos entrar en el reino de Dios!" (Marcos 10:23).

Más tarde, en Marcos 12, una viuda pobre echa dos moneditas en la ofrenda: "todo lo que tenía para vivir" (Marcos 12:44). Jesús comenta que ella dio todo lo que tenía, mientras que los ricos daban de sus riquezas. "En verdad os digo que esta viuda pobre había echado en el arca más que todos los demás" (Marcos 12:43).

Lucas habla más de los pobres y los necesitados en cinco textos distintos. En el capítulo 11, Jesús regaña a los fariseos que "limpiáis por fuera la copa y el plato, pero por dentro estáis llenos de avaricia y maldad. ¡Insensatos! El que hizo lo de fuera, ¿no hizo también lo de dentro? Pero ahora, en cuanto a lo de dentro, sed generosos con los pobres, y todo os quedará limpio". (Lucas 11:41)

En el siguiente capítulo repite esta enseñanza cuando habla a los discípulos sobre la preocupación: "No tengáis miedo, pequeño rebaño, porque vuestro Padre se ha complacido en daros el Reino. Vended vuestros bienes y dad a los pobres. Haceos bolsas que no se gasten, un tesoro en el cielo que nunca falte, donde ningún ladrón se acerque y ninguna polilla destruya. Porque donde esté vuestro tesoro, allí estará también vuestro corazón". (Lucas 12:32-4).

Jesús desarrolla mucho esta enseñanza cuando cena en casa de un fariseo. Le dice al anfitrión y a sus invitados que no inviten a comer o cenar a sus amigos o parientes o vecinos ricos, que no esperen ser recompensados en este mundo, sino que honren la voluntad de Dios y traten a los pobres y necesitados sin esperanza de compensación hasta "la resurrección de los justos" (Lucas 14:14).

Enfatiza claramente esta lección en la Parábola del Gran Banquete, cuando ninguno de los invitados decide acudir al mismo. El señor le dice a su criado: "Sal pronto a las calles y callejuelas de la ciudad y trae a los pobres, a los lisiados, a los ciegos y a los cojos" (Lucas 14:21). Entonces el señor dijo a su siervo: "Sal a los caminos y a las veredas y oblígalos a entrar para que mi casa se llene. Te aseguro que ni uno solo de estos que fueron invitados probará bocado de mi banquete'". (Lucas 14:23-24).

Por último, en Lucas aparece Zaqueo, un pecador, un recaudador de impuestos, que promete a Jesús: "¡Mira, Señor! Aquí y ahora doy la mitad de mis bienes a los pobres, y si he estafado a alguien en algo, le devolveré cuatro veces la cantidad". (Lucas 19:8) Todo porque Jesús lo buscó y le preguntó si podía quedarse en su casa.

A medida que hemos recorrido esta historia del cuidado de Dios por los pobres y los necesitados a lo largo de la Biblia, queda claro que Dios tiene un corazón para los pobres y los necesitados. Está claro que quiere que cuidemos de nuestro prójimo, especialmente de los necesitados y de los extranjeros. Quiere que los tratemos bien en los tribunales. Jesús nos mostró cómo estar con los pobres y oprimidos. Cómo ayudarlos, curarlos. Cómo honrarlos, valorarlos y alimentarlos. Cómo debemos ver a Jesús en todos. ¿Cómo podríamos no reconocer y seguir estas muchas instrucciones en Su Biblia? Dios nos invita -no, nos ordena- a ser fieles a Sus deseos para con los pobres y necesitados.

No basta con ir a la iglesia todos los domingos y no cumplir las enseñanzas durante el resto de la semana. Jesús pide un compromiso total de nuestras vidas. No basta con creer en Jesús como Hijo de

Dios y en Dios Creador del Universo. Sólo es suficiente cuando realmente seguimos los mandamientos de Dios y las enseñanzas de Jesús y basamos nuestras acciones y nuestras voces en todo lo que Él nos enseñó. Y entonces, mientras escuchamos la "tranquila y pequeña voz" de Dios que guiará cada paso que den nuestras vidas, seremos Sus discípulos, Sus manos y Su amor en esta tierra. Y qué diferencia marcaríamos sirviendo a Aquel que vive en el otro, en nuestro prójimo, en los pobres y necesitados.

Capítulo 2:
¿Quién lo Necesita?

Cuando Dios se refiere a los pobres y necesitados, ¿a quiénes se está refiriendo? Los pobres tienen algo de dinero, pero apenas lo suficiente para vivir; pueden estar incapacitados por enfermedad o inválidos y ser incapaces de mantenerse a sí mismos. Pueden vivir al margen de nuestra sociedad, incapaces de participar plenamente en la educación, en las oportunidades de empleo y en la formación, porque carecen de recursos. Viven en viviendas inadecuadas, apenas capaces de mantener con vida el cuerpo y el alma. Viven en zonas rurales; viven en nuestras ciudades y fuera de los suburbios. Viven en parques de caravanas y en las calles. En todas partes viven en la marginalidad, a duras penas consiguen reunir el dinero suficiente para alimentarse y alojarse, y no digamos ya para prosperar y salir adelante.

En la Biblia, las palabras hebreas y griegas para referirse a los pobres y necesitados, *aní*[8] y *dal*[9] en hebreo y *ptochos*[10] en griego, no sólo hacen referencia a la falta de dinero o recursos, sino también a una población oprimida y rechazada por casi todo el mundo.

---

8 "necesitado, pobre, oprimido, a menudo referido a personas de baja condición y carentes de recursos": Goodrick & Kohlenberger III, Zondervan NVI Exhaustive Concordance, 2ª ed., (Grand Rapids, MI: Zondervan Publishing House, 1999), Strong's #6714, p. 1468.
9 "pobre, necesitado, humilde, débil, demacrado, flaco": Strong's #1924, p. 1389.
10 "pobre, mendigo, persona de pocos recursos, culturalmente considerada oprimida, despreciada y miserable": Strong's #4777, p. 1588.

Definitivamente hay un sentido de opresión sistémica en las palabras traducidas como "pobre" en la Biblia; no se culpa a los pobres por sus malas elecciones personales.

En este país solemos culpar a los pobres de su condición: les decimos que deberían "salir adelante". Deberían educarse para conseguir un buen trabajo. Pero a menudo la escuela no los prepara adecuadamente para ascender. Puede que no tengan expectativas de que cualquier esfuerzo por su parte mejore realmente las cosas. Pueden estar atrapados en trabajos de baja categoría sin esperanza de cambio. Puede que vivan según las expectativas de sus familias de origen. Pueden estar emocionalmente marcados. Puede que trabajen tanto para llegar a fin de mes que apenas tengan tiempo o energía para explorar otras opciones. A diferencia del período posterior a la Segunda Guerra Mundial, cuando la movilidad ascendente era una opción viable para los soldados blancos que regresaban, con la Ley G.I. que permitía pagar la educación universitaria y los préstamos hipotecarios, y con los empleos en la industria manufacturera y los sindicatos que garantizaban buenos salarios, hoy en día hay pocas esperanzas de movilidad ascendente para las clases baja y media. Hay pocos puestos de trabajo en la industria manufacturera; se han externalizado a otros países con salarios mucho más bajos que los nuestros.

La enorme diferencia entre lo que gana un director general y lo que gana uno de sus empleados es aún más sorprendente si se comparan las cifras actuales con las de los años setenta. En 1978, un director general ganaba treinta veces más que un trabajador estadounidense común. Ahora esa proporción es de 271:1. Eso es 15.000.000 $ para un CEO frente a 58.000 dólares para un trabajador promedio. En términos reales, el CEO medio ha experimentado un aumento del 937% en su remuneración desde 1978; el trabajador medio ha recibido un aumento salarial del 11,2% durante el mismo periodo. Según la periodista económica Ruth Umoh, "los directores ejecutivos cobran más porque tienen poder para fijar los salarios, no porque sean más productivos o tengan un talento especial o más formación"[11]. Por supuesto, que los directores ejecutivos cobren más significa que hay menos dinero disponible para la gente que realmente hace el trabajo.

Muchas personas que luchan contra el peso de la pobreza tienen sueños que no tienen tiempo ni recursos para perseguir. Mauricio Miller, empresario social, fue criado por una madre soltera que tenía dos trabajos como único sustento de sus hijos. Mauricio recuerda muy bien a su madre llegando a casa y hablando de un vestido que había visto en el escaparate de una tienda. Hablaba de lo que haría para mejorarlo, pero no tenía tiempo, dinero ni energía para dedicarse a la costura.

Durante gran parte de mi vida, tuve poco contacto con los pobres. Y no tenía ni idea de cómo vivían hasta que empecé a entrevistarlos y a escuchar sus historias. De 2013 a 2014, trabajé como entrevistadora para Crisis Assistance Ministry en Charlotte, Carolina del Norte. La organización trata de ayudar a los miembros de la comunidad en una crisis financiera, a menudo causada por una factura médica, una avería del auto o cualquier cosa fuera de su presupuesto ordinario que les resulte imposible de pagar.

El alquiler más bajo en Charlotte en ese momento era de 500 dólares al mes para una persona sola. Cualquier crisis puede fácilmente acabar con el alquiler de un mes. Algunos meses, cuando se disponía del dinero de la FEMA, la organización tenía hasta 1.000 dólares para dar a los clientes necesitados. Sin los fondos de la FEMA, estábamos limitados a unos 150 dólares, una cantidad insuficiente para cubrir la mayoría de las crisis. Era desgarrador escuchar las historias de la gente y luego calcular sus activos financieros y gastos, sobre todo cuando sólo teníamos 150 dólares. Por lo general, los clientes no tenían ahorros ni familiares que los respaldaran.

---

11 Ruth Umoh, "Los CEO ganan 15,6 millones de dólares en promedio: así ha aumentado su sueldo en comparación con el tuyo a lo largo del año", CNBC, 22 de enero de 2018, www.cnbc.com/2018/01/22/heres-how-much-.ceo-pay-has-increased-compared-to-yours-over-the-years.html.

Estas son algunas estadísticas sobre la pobreza infantil en Estados Unidos en 2015, cortesía del Children's Defense Fund.

- En 2015, de una población de 321 millones de estadounidenses, 43,1 millones caían dentro de las directrices federales de pobreza; uno de cada tres eran niños. Casi el 20% de los niños estadounidenses se consideraban pobres en 2015.

- En 2015, la pobreza se definió como un ingreso anual inferior a 24.257 dólares para una familia media de cuatro miembros, lo que significa menos de 2.021 dólares al mes, 466 dólares a la semana o 66,46 dólares al día. Más de 6,5 millones de niños -uno de cada once- vivían en la pobreza extrema ese año, con unos ingresos anuales inferiores a la mitad del nivel de pobreza, es decir, 12.129 dólares para una familia de cuatro miembros.

- Niños estadounidenses que viven en la pobreza (2015): 14.509.000

- Niños estadounidenses que viven en la pobreza extrema (2015): 6.537.000

Cuando abordamos un tema como la pobreza en nuestro país o en el mundo, debemos recordar que Dios nos ordenó ocuparnos de los pobres y necesitados. Una y otra vez en diferentes palabras a lo largo del Antiguo Testamento Dios dice,

> Defiende a los débiles y a los huérfanos;
> defiende la causa de los pobres y los oprimidos. Rescata al débil y al necesitado
> líbralos de la mano de los malvados (Salmo 82:3-4).

En el Nuevo Testamento, Jesús sube la apuesta diciendo: "Cuando lo hicisteis por el más pequeño de estos hermanos míos, por mí lo hicisteis" (Mateo 25:40). Cada ser humano que encontramos es también otro rostro de Jesús en este mundo. Debemos ver al Cristo divino en cada ser humano. ¿Y eso no lo cambia todo? Ya no podemos aferrarnos a nuestros prejuicios, nuestras suposiciones, nuestros juicios, nuestras críticas a los demás.

Escuchemos a la Madre Teresa, que cuidaba de los enfermos y moribundos en las calles de Calcuta, expresar este principio: "Veo a Jesús en cada ser humano. Me digo: Jesús tiene hambre, debo darle de comer. Este es Jesús enfermo. Este tiene lepra o gangrena, debo lavarlo y atenderlo. Sirvo porque amo a Jesús".

Cuando podemos ver a Jesús en cada otra persona, estamos viendo a través de los ojos del amor, de la compasión, de la adoración al Señor, del perdón, de la gratitud. Entonces el mundo entero cambia de nuestra propia perspectiva personal, manchada por el mundo, a la perspectiva de Dios sobre cada persona que Él creó, en la que puso una parte de Sí mismo, a la que dotó de ciertos dones y talentos, o a la que lanzó con algunos desafíos que superar. Una vez que empezamos a ver a la persona que tenemos delante desde dentro hacia fuera, con una huella de Jesús en ella, ya no podemos volver a nuestra perspectiva y juicio personales.

Me ha resultado muy interesante leer los dos libros del padre Gregory Boyle, *Tattoos on the Heart* y *Barking at the Choir*. Desde 1992, el padre Boyle ha trabajado con miembros de bandas del centro de Los Ángeles, reclutando a muchos de ellos para empleos en las Industrias Homeboy y Homegirl. Recorría las calles a altas horas de la noche para encontrarse con los pandilleros en su propio terreno. Llegó a conocerlos, averiguó por qué pertenecían a una banda y cómo había sido su vida familiar. Cuenta una historia tras otra de sus vidas, a menudo de los abusos que sufrieron, de los padres ausentes o abusivos, de la pobreza y la falta de oportunidades, de las dificultades a las que han sobrevivido hasta ahora.

Gracias al enfoque más tierno y cariñoso de las Industrias Homeboy y Homegirl, he obtenido una imagen totalmente distinta de estos pandilleros. Entiendo por qué han hecho lo que han hecho y cómo pueden cambiar. He tenido que abandonar mi postura crítica hacia los miembros de las bandas y reconocer que, si se les da el entorno adecuado, pueden convertirse en grandes trabajadores, padres y ciudadanos; pueden pasar de estar totalmente desanimados (como aprendieron de sus orígenes) a estar orgullosos de lo que son y de lo que hacen. Ellos también son seres humanos hechos a imagen de Dios.

Desde el relato del Éxodo hasta los Salmos y los Profetas, Dios expresó su preocupación por los pobres y los necesitados. En Deuteronomio 15, cuando detalla los Diez Mandamientos, ordena a los israelitas que cuiden de los pobres: "Siempre habrá pobres en la tierra. Por eso te ordeno que seas generoso con tus hermanos israelitas que sean pobres y necesitados en tu tierra". (Deuteronomio 15:11)

En capítulo tras capítulo, libro tras libro del Antiguo Testamento, Dios insiste en Sus instrucciones sobre cómo debemos tratar a los pobres. En el Salmo 14:6, dice: "Vosotros los malhechores frustráis los planes de los pobres, pero el Señor es su refugio". En el Salmo 82:3-4, dice: "Defiende al débil y al huérfano; defiende la causa del pobre y del oprimido. Rescata al débil y al necesitado; líbralos de la mano del malvado". Y en los Salmos hay muchas pruebas de cómo Dios rescatará a los débiles: "El pobre comerá y se saciará" (Salmo 22:26). Y "Al pobre lo levanta del polvo y al necesitado lo eleva del montón de ceniza; lo sienta con los príncipes, con los príncipes de su pueblo. A la mujer sin hijos la acomoda en su casa como madre feliz de hijos". (Salmo 113:7-9) Y más. . .

El reverendo Paul Hanneman, que fue director de programas durante quince años en el Urban Ministry Center de Charlotte, solía enseñar las diferencias entre los pobres y las clases media y alta. El valor más alto para las clases media y alta de nuestro país es la educación. Todo en sus vidas depende de su nivel de educación. Para los pobres, sin embargo, el valor más alto es la comunidad. Podemos ver el alto valor que se da a la comunidad en el parque de caravanas de mi yerno en Florida, donde los residentes ayudaban con el alquiler cuando alguien no tenía dinero. ¿En cuántos vecindarios de clase media o alta hablarían los vecinos entre sí sobre los problemas de dinero que tuvieran?

Tomémonos en serio y de corazón los mandamientos bíblicos de cuidar de los pobres y necesitados. Ya no son "los otros": los sin techo, los pobres o los enfermos. Todos somos hijos de Dios, hechos a su imagen.

PATRICIA SAID ADAMS

Capítulo 3:

¿Cómo Ayudar a los Pobres y Necesitados?

Cómo debemos ayudar a los pobres y necesitados, y qué debemos hacer por ellos o darles? Los pobres y los necesitados son todas las personas, todos los seres humanos que necesitan ayuda, que están oprimidos. En Mateo 25:35-36, Jesús define nuestras acciones como dar de comer y beber, vestir, acoger y visitar a los enfermos y encarcelados. No creo que esté limitando lo que debemos hacer, sino más bien sugiriendo las cosas que podemos hacer, quizá las más obvias. No descarta ningún otro tipo de ayuda, entre las que no es la menor estar presente para otra persona. A menudo preguntaba a la gente con la que se encontraba: "¿Qué quieres?". (Mateo 20:32, Marcos 10:51, Lucas 18:41, entre otros). Supongo que Él podía ver todo sobre la persona que tenía delante, igual que Dios lo ve, pero aun así le preguntaba qué quería. Estaba presente para la persona y quería escucharla. Se reunía con los pobres y necesitados, los rechazados, los discapacitados, los "impuros" como la mujer samaritana, y más. Estaba confirmando quiénes eran y lo importantes que eran para Él por el simple hecho de estar con ellos.

Por extensión, si vamos a estar presentes para cualquier persona que tengamos delante, tenemos que conocerla, saber qué la ha traído hasta este punto de su vida, sus retos y bendiciones, sus pecados, incluso, y lo que hay de bueno en ella. Porque todos hemos sido creados a imagen de Dios. Todos los seres humanos tenemos dos grandes necesidades: la necesidad de amar y ser amados, y el anhelo de vivir en nuestro verdadero hogar, en Dios. Seamos ricos o pobres, jóvenes o viejos, sin importar nuestras diferencias, todos necesitamos ser vistos y amados. Pero, por supuesto, podemos hacer mucho más por los pobres y los necesitados.

Escucha cómo lo cuenta uno de los lectores de mi blog, que ha sido tres veces sin techo:

> Todos tenemos estas necesidades sociales, la necesidad de pertenecer, o de amar y ser amados. Sentirse querido es el momento más importante cuando nos abrimos, compartimos nuestros verdaderos sentimientos y descubrimos que la otra persona nos acepta y empatiza con nosotros. Esto por sí solo crea intimidad emocional entre dos personas. Cuando se satisfacen esa necesidad de amor y esa intimidad emocional, las personas son felices y se sienten realizadas La persona sin hogar sólo necesita la seguridad de otra persona y de que hay alguien que está a su lado para pasar por todas estas cosas, que todo irá bien. La importancia que puede tener la intimidad emocional en la vida de una persona es lo que le dará el apoyo emocional que lo convertirá en una persona completa en el verdadero sentido de la palabra. La cuestión es quién está dispuesto a salir de su zona de confort, ser un buen samaritano y dar apoyo emocional.[12]

Cuando llevamos el amor de Dios a nuestro prójimo, no importa quién sea o lo que haya sido, veremos la obra transformadora de Dios. Jesús nos ordenó amar a nuestro prójimo como a nosotros mismos. ¿Acaso nos amamos a nosotros mismos? ¿Acaso no somos otros hijos de Dios hechos a su imagen? ¿Aceptamos todo lo que hemos hecho y dicho, todo lo que nos han hecho? ¿O tenemos que reprimir nuestro dolor o sufrimiento, la culpa y la vergüenza? ¿Podemos ser personas capaces de compartir todo lo que somos, no sólo con Dios, sino con nuestros semejantes? ¿Podemos amarnos a nosotros mismos,

---

[12] David Samuel Davis, comentario de blog, Por el Waters, 16 de mayo de 2017.

tal como somos? ¿Amamos a nuestro prójimo exactamente como nos amamos a nosotros mismos?

Creo que no podemos amar a otra persona si no podemos amarnos a nosotros mismos, o perdonar a otros por sus pecados si no podemos perdonarnos a nosotros mismos por lo que hemos hecho y por todo lo que nos han hecho. Amar y perdonar a alguien es entregarle todo nuestro ser. Así como el Primer Gran Mandamiento de Jesús dice que amemos a Dios con todo nuestro ser, corazón, alma, mente y fuerza, eso incluye nuestro pecado y nuestras partes buenas, nuestro dolor y nuestro sufrimiento, nuestros dones y nuestros talentos, nuestro ego y todo. ¿Podemos entregarle a Dios todo nuestro ser? ¿O seguimos escondiendo las partes "malas", la culpa y la vergüenza? ¿Podemos llevar nuestro yo completo a nuestro prójimo?

Cuando empezamos a amarnos y a perdonarnos, podemos empezar a absorber el amor de Dios por nosotros. Y eso lo cambia todo. Entonces no sólo "conocemos" el amor de Dios por nosotros en nuestras mentes; sentimos el amor de Dios con todo lo que somos. Amados y perdonados, somos creaciones totalmente nuevas, mucho más cerca de lo que fuimos creados para ser por Dios. Tal vez sólo tengamos que empezar por aceptar que Dios nos ama y nos perdona y, por tanto, entonces podemos decidir amarnos y perdonarnos también a nosotros mismos. Puede ser sólo un acto de nuestra voluntad lo que nos haga empezar. Y entonces el amor puede brotar de nosotros en las personas que conocemos, en las palabras que decimos, en las cosas que hacemos.

A veces pienso que nos detenemos en lo que Jesús enseñó sólo para no tener que cambiar nuestras vidas. Nos concentramos en seguir los mandamientos de Dios y nos olvidamos de seguir realmente a Jesús. Y hay un mundo entero de diferencia entre los dos. Si solo tratamos de obedecer los mandamientos, solo tratamos de ser buenas personas, entonces somos como los fariseos del tiempo de Jesus: "Das la décima parte de tus especias: menta, eneldo y comino. Pero habéis descuidado los asuntos más importantes de la ley: la justicia, la misericordia y la fidelidad. Deberíais haber practicado estas últimas, sin descuidar las primeras". (Mateo 23:23) Queremos parecer buenos por fuera, ante los demás, pero descuidamos las motivaciones y los sentimientos ocultos que tenemos. Y no estamos escuchando realmente lo que Dios y Jesús dicen sobre la ley, y en este caso, sobre ayudar a los pobres y necesitados.

Si estamos siguiendo a Jesús, eso significa que somos guiados por Él, que podemos oír su "voz tranquila y suave" (o "susurro suave", en la traducción NVI), que estamos obedeciendo lo que Él nos sugiere. Hemos dejado a un lado nuestra propia voluntad y sólo vivimos en Su voluntad. Estamos siguiendo Su orientación en todo lo que decimos y hacemos. Eso significa que Él es el Señor de nuestro matrimonio, de nuestro trabajo, de nuestro tiempo libre, de nuestra crianza, de todo lo que somos. Él nos mostrará qué papel debemos desempeñar con los pobres y los necesitados, al igual que lo hará en todas las demás áreas de nuestras vidas: lo que debemos decir y lo que debemos hacer. Ya no tenemos la carga de tener que resolver todo esto. Todo lo que tenemos que hacer es ser fieles a Él.

Desde la historia del Éxodo hasta los Salmos y los Profetas, Dios expresa su preocupación por los pobres y los necesitados. En Deuteronomio 15, cuando detalla los Diez Mandamientos, ordena a los israelitas que cuiden de los pobres: "Dadles generosamente y hacedlo sin rencor de corazón" (Deuteronomio 15:10).

En capítulo tras capítulo, libro tras libro del Antiguo Testamento, Dios enfatiza Sus instrucciones sobre cómo debemos tratar a los pobres. En Isaías 10:1-2, dice: "Ay de los que hacen leyes injustas, de los que dictan decretos opresivos, para despojar a los pobres de sus derechos y negar la justicia a los oprimidos de mi pueblo". En Isaías 1:17 dice: "Aprended a hacer el bien; buscad la justicia. Defended a los oprimidos. Defiende la causa del huérfano, defiende la causa de la viuda". Y en los Salmos hay muchas pruebas de cómo Él rescatará a los débiles: "El pobre comerá y se saciará" (Salmo 22:26). Y "Al pobre lo levanta del polvo y al necesitado lo eleva del montón de ceniza; lo sienta con los príncipes, con los príncipes de su pueblo. A la mujer sin hijos la asienta en su casa como madre feliz de hijos". (Salmo 113:7-9)

Isaías lo dice mejor que nadie cuando habla del ayuno en favor de otras personas:

¿No es éste el tipo de ayuno que he elegido: soltar las cadenas de la injusticia
y desatar las cuerdas del yugo, liberar a los oprimidos
y romper todo yugo?
¿No es compartir tu comida con el hambriento
y dar techo al pobre errante; cuando veas al desnudo, vestirlo,
y no apartarte de tu propia carne y sangre? Entonces brotará tu luz como el alba
y pronto aparecerá tu curación;
entonces tu justicia irá delante de ti,
y la gloria del Señor será tu retaguardia. Entonces llamarás, y el Señor responderá;
clamarás por ayuda, y él dirá: Heme aquí. (Isaías 58:6-9)

Solemos pensar en ayunar durante la Cuaresma, renunciando a algún alimento u otro durante los cuarenta días, pero Isaías habla de ayunar por misericordia y justicia y de cuidar a los demás, un gran paso por encima de lo que solemos entretenernos en Cuaresma. Está hablando de renunciar a lo que nos gusta para que otros puedan tener una nueva vida o libertad o comida o ayuda.

Nuestras actitudes son claras en cómo miramos y pensamos en la otra persona, el pobre, el extranjero, el enfermo y cojo, el prisionero, el esclavo. También ellos son personas creadas por Dios y merecen nuestra atención. En los juzgados, en la calle, en un restaurante, donde sea. Es la camarera de su habitación de hotel, el criado, la camarera, el trabajador de Walmart, el jardinero, el obrero de la construcción, el indigente. Es una persona en duelo o gravemente enferma o que acaba de perder su trabajo. Es un ex convicto. Todos son seres humanos y merecen nuestro cuidado, merecen la justicia y la misericordia de todos nosotros. It's an ex-con. They are all human beings and deserving of our care, deserving of justice and mercy from all of us.

Conócelos, conoce sus historias, sus sueños y esperanzas y sus traumas. Trátalos bien como tratarías a uno de tus prójimos, a uno de tu familia, pues todos estamos emparentados por Dios. Valora su existencia y su contribución a la familia del hombre. Mira el rostro de Jesús en cada persona. Muéstrales amor y misericordia, compasión y justicia. No compitáis con ellos, ni los menospreciéis, ni los ignoréis. Porque todos estamos juntos en esta vida en este planeta. Y todos sufrimos cuando alguno de nosotros sufre, aunque no seamos conscientes del sufrimiento en nosotros o en ellos.

Si nos tomamos en serio la palabra de Dios sobre los pobres y los necesitados, el extranjero y el forastero, estaremos derramando el amor de Dios por ellos, estaremos escuchando la voz del Señor, no lo que dice nuestra iglesia o nuestro predicador, ni lo que hace la congregación, ni lo que hacen nuestros amigos, ni lo que la cultura dice que debemos hacer. Nada de eso es relevante cuando escuchamos la voz del Señor que nos habla directamente. Y esa voz nos dirigirá hacia la justicia, la misericordia y el amor.

Capítulo 4:
¿Vemos a Jesús en el Prójimo?

Creo que podemos seguir el ejemplo de Jesús cuando consideramos a los pobres y necesitados en nuestras vidas y en nuestra nación. Jesús estuvo con los mendigos, los marginados, los enfermos, los cojos, los recaudadores de impuestos, todos los rechazados de su tiempo. Los curó, respondió a sus oraciones, reconoció su valor, los abrazó, los alimentó. Prestó atención a las personas que estaban más abajo en la escala jerárquica de su tiempo. Los que no podían entrar en el templo porque eran impuros. Los que eran prisioneros de sus condiciones. Los que no tenían posición en la sociedad.

¿Qué nos está diciendo hoy a nosotros, en nuestra sociedad post-industrial tecnológicamente avanzada? ¿Qué nos está diciendo sobre cómo tratamos hoy a los pobres y necesitados? Escuchemos sus palabras en Mateo 25:31-40. Habla de separar a las ovejas de las cabras el día del juicio final. Las ovejas irán a la derecha, las cabras a la izquierda. Invita a las ovejas que están a su derecha a tomar su herencia en el reino de Dios: "Venid, benditos de mi Padre; tomad vuestra herencia, el reino preparado para vosotros desde la creación del mundo. Porque tuve hambre, y me disteis de comer; tuve sed, y me disteis de beber; era forastero, y me hospedasteis; necesitaba ropa, y me vestisteis; enfermo, y me curasteis; en la cárcel, y vinisteis a visitarme."

Las ovejas representan a los que tratan bien a la gente, que ven a Jesús en cada persona y tratan a cada uno en consecuencia. No sólo se ocupan de las necesidades físicas de comida y bebida, sino que atienden a sus necesidades espirituales: los visitan, se sientan con ellos. Cuidan de los enfermos, reciben al forastero en sus casas, visitan al preso. No hay texto más destacado en todos los Evangelios que este. Jesús repite sus palabras a la oveja que pregunta cuándo habían hecho todas estas cosas por Él. Jesús responde: "Cada vez que lo hicisteis por uno de estos hermanos míos más pequeños, por mí lo hicisteis."

Y lo repite para las cabras que rechaza porque no hicieron todas estas cosas por Él, diciendo: "Apartaos de mí, malditos, al fuego eterno preparado para el diablo y sus ángeles. Porque tuve hambre, y no me disteis de comer; tuve sed, y no me disteis de beber; fui forastero, y no me hospedasteis; necesité ropa, y no me vestisteis; estuve enfermo y en la cárcel, y no me atendisteis." Y cuando las cabras le preguntaron cuándo le habían hecho estas cosas tan horribles, Él respondió: "En verdad os digo que todo lo que no hicisteis por uno de estos más pequeños, no lo hicisteis por mí."

Alimenta a los hambrientos
y sedientos. Vestirlos.
Acogerlos en nuestras vidas.
Visitar y cuidar a los enfermos.
Visitar al prisionero.

A menudo hacemos una o más cosas de esta lista por los pobres y los necesitados, pero también somos propensos a dar dinero para que otro lo haga. O, si damos de comer a los pobres o a los sin techo, sólo atendemos a sus necesidades físicas, sin llegar a conocerlos, sin entrar en la historia de sus vidas, sin satisfacer sus necesidades espirituales y emocionales. Para los pobres y necesitados de cualquier generación, lo peor de la pobreza es el aislamiento, la denigración de los pobres. ¿Cómo van a salir de su necesidad si no se sienten queridos, valorados o afirmados por lo que son, hijos de Dios, hechos a su imagen? ¿Cómo van a pertenecer a algo si nadie les trata como a ellos?

Lea más de lo que me escribió el lector de mi blog sobre su propia situación de desamparo.

> Solía ocultar mi pobreza, porque no estaba bien vista en nuestra sociedad. Vivía en mi auto, debajo del puente, y allí guardaba toda mi ropa y objetos personales. Me aseaba en los baños de un parque y me iba a trabajar sin que nadie se diera cuenta. Vivía
> una doble vida... La vida es dura y ciertas situaciones pueden ponerte en una mala situación, y entonces hay que empezar a salir del agujero. Una de [las] cosas que la gente no entiende es el estado mental por el que uno pasa, al pasar por tantas cosas. He conocido a otros veteranos a los que les pasó lo mismo, por falta de un sistema de apoyo. Si pudiéramos ver más allá de lo que se ve y de las imperfecciones, descubriríamos cosas que nos cambiarían la vida.
> Es tan inhumano que nos crucemos con un vagabundo y ni siquiera pensemos que es una persona. Pero todo el mundo tiene una historia. Nadie es perfecto. Cuando yo estaba en la calle, hacía falta una persona especial que se acercara a mí.
> Esa persona sabía que estaba abriendo una puerta, arriesgándose. Y a mí me tocaba muy de cerca cualquier oportunidad... Es la conexión emocional que no existe.[13]

Tenemos que conocer al extraño, conocerlo lo suficiente como para valorar quién es y qué puede aportar a la comunidad humana. No se trata sólo de los indigentes, por supuesto; se trata de cada ser humano con el que nos encontramos. Debemos ver a cada uno como hijo de Dios, de valor infinito a sus ojos, de ser creado a su imagen; tenemos que ofrecer a cada uno lo que se nos ha dado. Tienen que saber que Dios está de su lado y del nuestro. Debemos tratarlos como a nuestros prójimos que pertenecen a nuestra comunidad. Cuando Jesús dijo que amáramos a Dios con todo nuestro ser y a nuestro

---

13 David Samuel Davis, comentario de blog, Por the Waters, 26 de abril de 2018.

prójimo como a nosotros mismos, quiso decir que debemos abrazar al prójimo, valorarlo, afirmar su existencia, amarlo, tratarlo como si fuera Jesús mismo, porque Él reside en él igual que en nosotros. Nuestro objetivo es ver a Jesús en cada persona que conocemos, ver a Jesús en nosotros mismos. Cuando podemos ver a Jesús en nosotros mismos, entonces es mucho más fácil ver a Jesús en todas las demás personas de este planeta. De hecho, ya no nos cuesta ningún esfuerzo, porque podemos ver fácilmente en los demás lo que ahora reconocemos en nosotros mismos.

Es fácil utilizar la palabra amor, pero ¿qué quiero decir realmente? ¿Cuál creo que sería la definición de amor de Jesús? La definición que yo elegiría es la de Pablo en Gálatas 5:22-3: el fruto del Espíritu. Crecer en el fruto del Espíritu significa que llevamos mucho tiempo recorriendo el camino con Jesús, aprendiendo de Él, siendo sanados y transformados por Su amor. Así, estamos dotados del fruto del Espíritu: paz, alegría, amor, paciencia, bondad, amabilidad, fidelidad, dulzura y autocontrol. Estas definiciones de amor significan en total que estamos confiando en el Señor para satisfacer nuestras necesidades para que podamos satisfacer las necesidades de los demás con verdadero cuidado. Piensa en estos frutos: estar en paz; experimentar alegría y amor; tener paciencia con nosotros mismos y con los demás; tratar a los demás con bondad, amabilidad y gentileza; expresar nuestra fidelidad a Dios; y ejercer autocontrol. Ejercer el autocontrol, tal como se describe aquí, significa confiar y saber que todas nuestras necesidades serán satisfechas, para poder centrarnos totalmente en la otra persona.

La enseñanza central que nos guía es la orden de Jesús de amar a nuestro prójimo como a nosotros mismos, el segundo de los Dos Grandes Mandamientos. El primero es amar a Dios con todo nuestro ser. Cuando podemos hacer esto, la segunda parte es fácil. Esto se debe a que ya hemos llevado todo lo que llevamos dentro, pecados y bondad, lo humano y lo divino, "lo bueno, lo malo y lo feo", como dice el título de la vieja película del oeste, a Dios en el amor. Cuando podemos amarnos a nosotros mismos lo suficiente como para llevar todo lo que somos a Dios con amor, amar a nuestro prójimo es muy fácil.

Cuando amamos a Dios con todo nuestro ser, depositamos en su altar las rebeldías, la ira, el miedo que hemos soportado durante tanto tiempo. Ya no necesitamos librar ninguna guerra contra el otro, ni defendernos de ninguna acusación, ni rebelarnos contra Dios. Nosotros, que podemos amarnos a nosotros mismos y amar a Dios, estamos en paz, por fin y de verdad. Vivimos sin miedo ni ira. Estamos completos en lo que somos ante Dios y ante nuestros semejantes.

Así lo expresa el Padre Richard Rohr: "Si no puedes honrar la Morada Divina -la presencia del Espíritu Santo- dentro de ti mismo, ¿cómo podrías verla en alguien más? No se puede. Lo semejante se parece. Toda conciencia, iluminación, vitalidad y transformación comienza con el reconocimiento de que nuestro propio ADN eterno es divino e inmerecido; sólo entonces estaremos preparados para verlo también en los demás. El alma reconoce al alma".[14]

Para amarnos a nosotros mismos quizá tengamos que aceptar de corazón las promesas de la Biblia de que somos amados, deshacer los años de cuestionar, odiar y temer quiénes somos, para poder empezar a amar a la persona en la que nos hemos convertido y aceptar todo lo que nos ha sucedido. Si podemos empezar a amarnos a nosotros mismos, tal vez podamos empezar a aceptar el amor de Dios por nosotros, tal como somos. Y cuando recibimos Su amor, las rigideces, las actitudes de rebeldía, el dolor y el sufrimiento empiezan a desaparecer, y podemos presentarnos ante Dios tal como somos.

Y luego podemos rezar el Reverendo Steve Garnaas-Holmes's oración:

Crucificado,

---

14 Father Richard Rohr, Daily Meditation, email of April 9, 2018.

dame la gracia de entrar en la herida del mundo, de acompañar a los que sufren,
para sufrir voluntariamente por los demás,
no con el fin de encontrarte allí, que me da alegría,
sino para encontrarme allí con ellos—
no para que ellos sean un medio para mi alegría, sino para que yo sea un medio para la suya.
Ayúdame a confiar en que estás conmigo en la cruz
no por mí, sino por ellos.
Deja que tu amor en mí supere mi miedo y transforme mi egoísmo.
Dame el verdadero amor de entrega, que es la única alegría.
Amén.[15]

---

15 Rev. Steve Garnass-Holmes, unfoldinglight.net, correo electrónico del 19 de febrero de 2018.

Capítulo 5:

Los Pobres Siempre Estarán Con Nosotros

En la Biblia encontramos dos veces la afirmación de que siempre habrá pobres, una en el Deuteronomio y otra en el Evangelio de Mateo. En Deuteronomio 15:11, Dios dice que "siempre habrá pobres en la tierra. Por eso te ordeno que seas generoso con tus prójimos israelitas que sean pobres y necesitados en tu tierra". Esta frase es una de las muchas del Antiguo Testamento en las que Dios insiste en que todo el pueblo se ocupe de los necesitados. Encontramos las advertencias de Dios de ayudar y defender a los pobres en muchos lugares:

"No niegues la justicia a tu pueblo pobre" (Éxodo 23:6).
"Si alguno de los tuyos se empobrece... ayúdalo como a un extraño o a un extranjero" (Levítico 25:35). "Dales generosamente y hazlo sin corazón rencoroso" (Deuteronomio 15:10).
"No oprimáis a la viuda ni al huérfano, al extranjero ni al pobre. No traméis el mal unos contra otros". (Zacarías 7:10)

Cuando nos acercamos a Jesús al final de su vida, Él repite el sentimiento: "A los pobres siempre los tendréis con vosotros", y luego añade: "pero a mí no siempre me tendréis" (Mateo 26:11). Está defendiendo las acciones de la mujer que derramó un frasco de alabastro de perfume sobre su cabeza ante sus discípulos, que estaban horrorizados por lo costoso y el despilfarro. Pero lo que Jesús quiere decir es otra cosa: Este es el final de su vida, y ella está preparando su cuerpo para la sepultura, ya que pronto será crucificado. En cierto modo, está diciendo: "Quédate conmigo ahora, cuida de mí, porque moriré esta semana. Cuando me haya ido, puedes ocuparte de los pobres como siempre".

Desgraciadamente, muchos Cristianos han interpretado esto en el sentido de que, como siempre tendremos pobres, no necesitamos preocuparnos mucho por ellos. Jesús es mucho más importante para nosotros. Al interpretar así sus palabras, ignoramos un importante tema de toda la Biblia, tanto del Antiguo Testamento como del Nuevo. Ignoramos las leyes de Dios, Sus amonestaciones, Sus mandamientos, Sus caminos, todo lo que Él nos ha dicho que hagamos.

El profeta Isaías, en el capítulo 58, destaca muy bien todo este asunto de los pobres cuando habla del tipo de ayuno, la abstinencia, que eligió para ayudar a los pobres, como se menciona en el último capítulo. Continúa detallando los beneficios de esa ayuda:

> Si elimináis el yugo de la opresión, el dedo acusador y la palabrería maliciosa
> y si os desvivís por los hambrientos y satisfacéis las necesidades de los oprimidos,
> entonces vuestra luz se alzará en la oscuridad,
> y vuestra noche será como el mediodía. El Señor os guiará siempre
> saciará vuestras necesidades en una tierra abrasada por el sol
> y fortalecerá vuestro armazón.
> Seréis como un jardín bien regado,
> como un manantial cuyas aguas nunca faltan. (Isaías 58:9-11)

El uso que hace de la palabra ayuno tiene muchos significados para mí. El ayuno es la negación de uno mismo, como el ayuno de Cuaresma. Es una elección que hacemos para dedicarnos a algo mientras renunciamos a algo por nosotros mismos. Durante la Cuaresma podemos elegir no comer ciertas cosas, o comer sólo a la hora de la cena, como hace un amigo mío durante esos cuarenta días. Pero Isaías nos habla de negarnos a nosotros mismos para ayudar a los pobres y necesitados, de negarnos tiempo o dinero o algo de comida para que otros puedan vivir.[16]Él quiere que luchemos contra la injusticia y liberemos a los oprimidos. Quiere que trabajemos para cambiar la forma en que la sociedad funciona. Quiere que trabajemos por los derechos de los pobres. Que compartamos nuestra comida, nuestro techo y nuestra ropa. Que ayunemos para obedecer la palabra de Dios.

Isaías habla de las ventajas de trabajar en favor de los pobres y oprimidos en Isaías 58. Isaías dice: "Tu luz brillará en las tinieblas. "Tu luz nacerá en las tinieblas", "El Señor te guiará siempre". Tus necesidades serán atendidas; Él te fortalecerá. "Serás como un jardín bien regado, como un manantial cuyas aguas nunca faltan" (Isaías 58,10-11). Jesús repite a Isaías en las Bienaventuranzas cuando dice: "Bienaventurados los misericordiosos, porque ellos serán los que reciban misericordia" (Mateo 5:7). Ser misericordioso significa ser compasivo, indulgente, humano, amable, generoso y mucho más.

¿Acaso no mostró Jesús esta misericordia dondequiera que iba? ¿Cuando se encontró con leprosos, cojos, ciegos y marginados (Marcos 1:31)? ¿Cuando alimentó a la multitud de cinco mil personas (Mateo 14:13-21)? ¿Cuando desafió a los fariseos a cumplir la ley (Marcos 7:1-9)? ¿Cuando habló con la mujer samaritana (Juan 4:1-26), con el centurión romano (Mateo 8:5-13) y con otras personas impuras? Los que seguimos a Jesús, ¿hacemos lo que Él hizo por los pobres y los necesitados? ¿Nos sacrificamos para que otros coman o tengan ropa que ponerse o sean valorados por nosotros o escuchados o ayudados a salir de la opresión? ¿Nos olvidamos de algunos placeres para que otros puedan prosperar?

---

16 Sólo escribir sobre este tema, sobre ayunar de esta manera, ha cambiado mi forma de comer y lo que ofreceré a Dios como ayuno

¿Vemos a Jesús en la persona que necesita ayuda? ¿Asociamos al prójimo con Jesús? ¿Acaso Él vive en cada persona? ¿Cuidamos de Jesús sirviendo al prójimo? La parábola de las ovejas y las cabras enfatiza este punto (Mateo 25:31-46).Las preguntas para cada uno de nosotros son: ¿Veo el rostro de Jesús en cada ser humano, o elijo a quién quiero ayudar? ¿Estoy dispuesto a ayunar según la tradición de Isaías, para que otros puedan vivir?

Los que somos seguidores de Jesús, no sólo creyentes en Él, haremos este tipo de ayuno. Trabajaremos por los derechos de los pobres y necesitados. Los alimentaremos, vestiremos, visitaremos y alojaremos. Escucharemos el llamado de Dios sobre cómo, cuándo y a quién debemos servir, pero está claro que servimos a Jesús sirviendo a los demás. Está claro que debemos seguir Su ejemplo. Que debemos hacer este tipo de ayuno.

Creo que Dios y Jesús señalan algo que va mucho más allá de hacer cosas físicas por los necesitados; ciertamente, Jesús dialogaba con la gente que encontraba. Cuando les preguntaba: "¿Qué quieres?", los curaba de sus problemas, desde enfermedades que les incapacitaban hasta exorcizar demonios o el exceso de flujo sanguíneo. Se interesaba por ellos, invertía en ellos; les pedía que lo siguieran. Esto nos lleva más allá de "ayudar a los pobres" para entrar realmente en sus vidas, para averiguar cómo llegaron a ser las personas que son. Escuchar sus historias y afirmar su valor. Amarlos tal como son. Ofrecerles una relación con Dios a través de Jesucristo, no porque hayan hecho algo malo, sino porque ellos también están hechos a imagen de Dios.

Para hacer este tipo de ayuno, tendríamos que renunciar a nuestra propia repugnancia, a juzgar, a catalogar al prójimo, y decidir entrar en la historia de su vida para mostrarle amor. Hay una gran diferencia entre los pobres y los ricos en este país y en otros. Los ricos viven vidas separadas. Necesitan poco de los demás, salvo el reconocimiento de su estatus por encima de todos los demás. Siempre se esfuerzan por conseguir más y más: aprobación, dinero, estatus; son verdaderamente de este mundo.

LLAMADA DE AYUDA A LOS POBRES Y NECESITADOS

¿Y los pobres? Siempre estarán con nosotros y, por tanto, debemos ocuparnos de ellos. El Antiguo Testamento y las palabras y acciones de Jesús dicen lo mismo: Debemos extendernos para que los pobres sean atendidos. Y de ninguna manera oprimirlos, engañarlos, robarles lo que es suyo. Este tipo de ayuno se opone a la manera de actuar de los hombres y mujeres que siempre buscan su propio bienestar perjudicando o utilizando a los demás, desde la esclavitud hasta simplemente el robo. Estos no son los caminos de Dios. Él hizo que todo funcionara igual para todos: "Hace salir su sol sobre malos y buenos, y hace llover sobre justos e injustos" (Mateo 5:45). Cuando distribuyó la tierra de Canaán a los israelitas, lo hizo de forma equitativa (Josué, capítulos 13-21). Si somos seguidores de Jesús, si amamos a Dios, debemos seguir Su Palabra y cuidarnos unos a otros.

Capítulo 6:
Bendiciones y Maldiciones

Después de liberar a los israelitas de la esclavitud en Egipto, y tras años de vagar por el desierto, Dios dedica una buena parte de Levítico, Números y Deuteronomio a detallar los Diez Mandamientos para que se apliquen a cómo tratamos a nuestro prójimo, ya sean israelitas o forasteros, cómo tratamos a los animales de nuestros vecinos, a nuestros propios sirvientes y miembros de la familia, cómo debemos adorar al Señor, nuestro Dios, y mucho más. Además, detalla quién hará y cuidará todas las cosas del culto. Asigna propósitos a varias tribus e individuos. Hacia el final de Deuteronomio, el Señor establece los principios de la ley y las razones para seguirla.

En el capítulo 28, Él detalla las bendiciones que vendrán si seguimos la ley (versículos 1-14) y todas sus implicaciones-y las maldiciones que caerán sobre nosotros si no lo hacemos (versículos 15-68). Estas consecuencias y dicha ley expresan el proceso de éxito o fracaso para nosotros como seres humanos. Dios no nos castiga, sino que señala que nuestro castigo o nuestra bendición se derivan de las decisiones que tomamos. Si elegimos seguir su ley, experimentaremos bendiciones; si no, seremos maldecidos; cualquiera de los dos es el resultado que hemos elegido. Dejando a un lado los términos del éxito económico y social del mundo, Él nos ha mostrado el camino para llevar una vida plena en la comunidad de todos los pueblos de esta Tierra. Si amamos a nuestro prójimo y tratamos a los demás como nos gustaría ser honrados, valorados y acogidos, prosperaremos. No creo que Dios nos prometa riqueza, sino que todo lo que hagamos y seamos será afirmado. No tendremos que preocuparnos por la paranoia y el miedo y la actitud defensiva -las cargas, el yugo- que normalmente conlleva la riqueza monetaria.

Creo que lo que dijo en Deuteronomio 28 expresa otra verdad sobre nosotros: que estamos diseñados para prosperar cuando seguimos las leyes de Dios y para no prosperar cuando no lo hacemos. Está en nuestro ADN, y tiene eco en nuestra conciencia.

La forma en que nos tratamos determina los fundamentos de nuestra existencia: ¿Viviremos en la alegría, el amor y la paz, o en la desesperación, la ira y la actitud defensiva? En este capítulo del Deuteronomio queda claro que nosotros elegimos nuestro destino, que son nuestras elecciones las que producen bendiciones y maldiciones. Si seguimos Sus mandamientos, seremos bendecidos.

Serás bendecido en la ciudad y bendecido en el campo.

The fruit of your womb will be blessed, and the crops of your land and the young of your livestock . . .

El fruto de tu vientre será bendecido, así como las cosechas de tu tierra y las crías de tu ganado...

Serán bendecidos tu cesto y tu artesa.

Serás bendecido cuando entres y bendecido cuando salgas.

El Señor hará que los enemigos que se levanten contra ti sean derrotados ante ti. Te atacarán en una dirección y huirán de ti en siete.

El Señor enviará una bendición sobre tus graneros y sobre todo aquello en lo que pongas tu mano. El Señor, tu Dios, te bendecirá en la tierra que te da.

El Señor te establecerá como su pueblo santo, como te prometió bajo juramento, si cumples los mandamientos del Señor, tu Dios, y caminas obedeciéndole." (Deuteronomio 28:3-9).

A continuación, detalla lo que sucederá si desobedecemos Sus mandamientos.

Serás maldecido en la ciudad y maldito en el campo.

Malditos serán tu cesto y tu artesa.

Malditos serán el fruto de tu vientre, las cosechas de tu tierra, los terneros de tus vacas y los corderos de tus rebaños.

Maldito serás cuando entres y maldito cuando salgas.

El Señor enviará sobre ti maldiciones, confusión y represión en todo aquello en que pongas tu mano, hasta que seas destruido y caigas en una ruina repentina a causa del mal que has hecho al abandonarlo. (Deuteronomio 28:16-20)

Si alguien ofende a Dios maltratando a los pobres y necesitados, tiene consecuencias. Si no paga su salario diariamente, "serás culpable de pecado" (Deuteronomio 24:15). Respecto al trato que los israelitas deberían dar a sus esclavos y esclavas, "No te apoderes despiadadamente de tus semejantes israelitas" (Levítico 25:46). Cuando llegue el año del jubileo cada siete años, "No los despidas con las manos vacías. Abastécelos generosamente de tus rebaños, de tu era y de tu lagar. Dales como el Señor te ha bendecido". (Deuteronomio 15:13-14)

Elegimos ser bendecidos o maldecidos. Lo que nos sucede es el resultado lógico de seguir o no las leyes de Dios. Si seguimos Sus leyes, seremos bendecidos en todo lo que hagamos. Si optamos por desobedecer Sus leyes, entonces viviremos en la paranoia y el miedo, tratando de evitar cualquier castigo por nuestros pecados.

Nosotros elegimos las consecuencias de nuestras acciones como elegimos lo que hacemos y decimos. Escogemos vivir en armonia con otras personas o anteponernos siempre a nosotros mismos. Elegimos vivir en bendición y gracia o a la defensiva y con hostilidad. Elegimos seguir los mandamientos de Dios o desobedecerlo. Elegimos nuestro propio bienestar futuro o nuestro propio desastre. Esto no significa que nunca sufriremos si elegimos seguir a Dios. O que seremos ricos si lo hacemos. Pero si escuchamos a nuestra propia conciencia diciéndonos qué hacer y qué no hacer, conociendo las ramificaciones de nuestras acciones, y aun así elegimos desobedecer a Dios, más vale que nos preparemos para lo peor.

Dios no tiene que castigarnos; nosotros hemos elegido ser castigados, si lo desobedecemos. Él no tiene que levantarnos la mano; nos lo hemos hecho nosotros mismos. A menudo culpamos a Dios por cualquier castigo o sufrimiento que experimentamos, pero no es Su responsabilidad. Si estamos a la defensiva, enfadados, incluso hostiles, debemos recordar las decisiones que hemos tomado para ver cuándo y cómo nos desviamos de los caminos y las enseñanzas de Dios. Piensa en nuestra propia humanidad, en nuestra propia pecaminosidad, y en cómo trató Jesús la pecaminosidad de los fariseos que trajeron a una mujer que había cometido adulterio para poner a prueba a Jesús. Su respuesta: "Que el que esté libre de pecado lance la primera piedra contra ella" (Juan 8:2-11). Y la multitud se dispersó. Nadie pudo acusarla. Jesús le pidió que se fuera y no pecara más.

De ninguna manera estoy sugiriendo que cualquier circunstancia dolorosa que suframos sea el resultado de nuestra desobediencia a Dios. En otros escritos, he sugerido que nuestra permanencia aquí en la tierra es una escuela en la que debemos alcanzar nuestro propósito creado, si abrazamos las lecciones que se nos ofrecen. Como en este caso, podemos aprender de las veces que nos apartamos de los caminos de Dios. O podemos negarnos a aprender. Pero el dolor y el sufrimiento no siempre son el resultado de nuestro pecado; pueden ser simplemente la siguiente lección que necesitamos aprender en nuestro camino hacia la realización de nuestro propósito pleno y creado.

Esto no significa que no nos enriqueceremos por nuestra desobediencia; ese podría ser nuestro destino, pero nunca podremos disfrutarlo. Tendremos que levantar muros para protegernos de estas terribles consecuencias; estaremos siempre al acecho de lo peor que nos pueda ocurrir. Nunca podremos relajarnos, ni disfrutar de nada. Cuanto nos costará maltratar a nuestros semejantes para poder prosperar, no tenemos más que esperar que las maldiciones caigan sobre nosotros. Cuanto más avancemos por el camino de las maldiciones, más infelices y paranoicos seremos. Jesús aclara que los que no ayudan a sus semejantes "irán al castigo eterno, pero los justos a la vida eterna" (Mateo 25:46).

Este es el sistema en el que vivimos. Dios, que nos ha creado y nos conoce tan bien, nos explica claramente cómo debemos vivir, cómo debemos adorarlo, cómo debemos tratar a nuestros prójimos y a los extranjeros, cómo debemos prosperar. Lo que nos ocurra es nuestra elección. Siempre existe la posibilidad de volver a Dios y a sus caminos. El arrepentimiento puede cambiar el curso de nuestras vidas.

Dios no favorece ni a los ricos ni a los pobres; Él creó el mundo y todo este sistema interdependiente en el que vivimos para beneficio de todos. Y por eso debemos actuar generosamente en favor de los pobres, incluyéndolos en la generosidad de la tierra. No condena a los ricos, pero espera que todos cuidemos de los pobres, que compartamos nuestras propias bendiciones, tal como Dios lo hizo con los israelitas en Canaán (Deuteronomio 15:4). Ni los ricos ni los pobres son condenados o idealizados. Todos ellos son simplemente algunos de los ahora siete mil millones de personas que viven en esta tierra. Pero los que tenemos recursos de sobra debemos gastarlos en los pobres, para que no sufran innecesariamente.

Debemos tener corazón para los pobres, pero sin condenar a nadie, porque ¿no hacen ellos lo mismo que nosotros, más o menos? ¿No faltamos todos a la Ley de Dios? Pensemos en el modo en que Jesús miró al joven rico que no podía renunciar a sus riquezas, con amor y compasión; en lugar de reprenderlo, Jesús empatizó con lo difícil que es para los ricos pasar por la puerta estrecha del reino de Dios (Mateo 19:24).

La forma en que tratamos a cualquier hombre o mujer es importante. Si somos buenos, amables y gentiles junto con el resto del fruto del Espíritu, entonces estamos tratando a los demás como Dios nos ha enseñado, como Dios nos creó para ser y obrar. Si estamos a la defensiva, juzgando y siendo hostiles con alguien, estamos rechazando la humanidad de esa persona y no nos preocupamos por ella. Y de hecho, por muy egocéntricos que seamos, la mayoría de las veces nos cuesta amarnos a nosotros mismos, y mucho más a otra persona.

La alianza de Dios es con toda la tribu de Israel, no sólo con un individuo. Se trata de la comunidad, siempre: nuestra comunidad eclesial, nuestros vecinos, nuestra familia y amigos, todo el pueblo de Dios. Su ley da prioridad a la comunidad en el trato mutuo. Así es como Dios nos hizo: para prosperar en nuestras vidas o para menospreciarlas. Por eso hay bendiciones cuando tratamos bien a la gente y maldiciones cuando no lo hacemos. Las bendiciones reflejan las acciones que mejoran nuestras vidas y las vidas de nuestras comunidades; las maldiciones reflejan nuestra incapacidad para cuidar de los demás. Todo tiene que ver con la comunidad.

El contexto de nuestro comportamiento en este mundo, tal como lo establece Dios en Deuteronomio 28, es el siguiente: Nuestras elecciones tienen consecuencias, que deben evaluarse cuando decidimos hacer cualquier cosa. Si seguimos Su ley y el espíritu de la misma, seremos bendecidos. Si decidimos violar Su ley y el espíritu de la misma, seremos maldecidos. No es que Dios esté esperando para castigarnos por nuestras acciones; las consecuencias están incorporadas en cualquier elección que hagamos.

Capítulo 7:
Monarcas y Ricos

Al final del Deuteronomio, mientras Dios preparaba a Moisés para su muerte y a los israelitas para entrar en Canaán, predijo que en el futuro no serían capaces de cumplir la Ley. "Este pueblo pronto se prostituirá a los dioses extranjeros de la tierra a la que están entrando. Me abandonarán y romperán la alianza que hice con ellos". (Deuteronomio 31:16) Y más tarde, cuando los ancianos pedían a Samuel que nombrara un rey para sucederlo, porque ninguno de sus hijos seguía sus caminos, Dios sabía lo que había sucedido en la comunidad israelita. Dios le dijo a Samuel que advirtiera al pueblo que un monarca confiscaría todo lo que poseían, además de que sus hijos e hijas tendrían que servir al rey. Se llevaría a sus siervos y lo mejor de sus animales y cosechas. Pero el pueblo no escuchó. (1 Samuel 8:7-11)

Básicamente, los israelitas rechazaron que Dios ejerciera su soberanía sobre ellos en beneficio de un rey humano. Los reinos eran el modelo de gobierno en el Medio Oriente en esos tiempos, desde el faraón en Egipto hasta los reyes de Canaán. Los ancianos le habían pedido a Samuel un rey porque no confiaban en los hijos de Samuel, que eran corruptos. Pero el modelo de la monarquía pronto quedó claro en los reyes que siguieron a Samuel.

En su libro *No Habrá Pobres Entre Vosotros: La Pobreza en la Biblia*, el erudito del Antiguo Testamento Leslie J. Hoppe, OFM, detalla las maldiciones que la monarquía trajo al pueblo de Dios. La monarquía "fomentó la concentración de la riqueza en manos de una élite privilegiada y la reducción a la pobreza de muchos -especialmente de los agricultores de subsistencia"[17]. El rey "se apropiaba de las personas y los bienes mediante el trabajo forzado y los elevados impuestos, todo ello para mantener su fastuoso estilo de vida"[18]. Si los pobres no podían pagar sus impuestos, confiscaba sus tierras y "hacía la vida muy difícil al campesino israelita.... [obligándolos] a convertirse en trabajadores asalariados, en el mejor de los casos, y en mendigos, en el peor". La monarquía... creó pobreza en Israel".[19]

No sólo el monarca cosechó los beneficios de su reinado, sino que sus consejeros y amigos también se hicieron ricos. Poco después de la distribución equitativa de la tierra que Dios había dispuesto en Canaán para los israelitas, incluso antes de que los reyes gobernaran Israel, las manos codiciosas empezaron a utilizar algunos de estos métodos para conseguir más tierras y acabaron esclavizando a los pobres, de estar endeudados con los ricos y, finalmente, perder sus tierras a ser mano de obra esclava en la tierra que Dios les había dado. Por supuesto, en todo el Medio Oriente en esta época, este era el patrón. Los israelitas simplemente estaban adoptando los métodos que se habían usado con ellos en Egipto y que habían visto en Canaán.

En los profetas, encontramos los detalles de su poderoso asalto a los pobres y necesitados. Isaías habla de "leyes injustas", "decretos opresivos para privar a los pobres de sus derechos y negar la justicia a los oprimidos de mi pueblo, haciendo de las viudas su presa y robando a los huérfanos" (Isaías 10:1-2).

Según el profeta Ezequiel, "El pueblo de la tierra practica la extorsión y comete robos; oprime al pobre y al necesitado y maltrata al extranjero, negándole la justicia" (Ezequiel 22,29).

---

17 Leslie J. Hoppe, OFM, No Habrá Pobres Entre Vosotros: La Pobreza en la Biblia, Abington Press (Nashville, TN: 2004) 54.
18 Hoppe, 55.
19 Hoppe, 55.

LLAMADA DE AYUDA A LOS POBRES Y NECESITADOS

Zacarías recordó a los israelitas lo que el Señor les había dicho: "Administrad verdadera justicia, mostrad misericordia y compasión unos con otros. No oprimáis a la viuda ni al huérfano, ni al extranjero ni al pobre. No conspiréis unos contra otros". ¿Y escucharon al profeta? No. "Se negaron a prestar atención; obstinadamente le dieron la espalda y se taparon los oídos. Endurecieron su corazón como el pedernal y no quisieron escuchar la ley ni las palabras que el Señor Todopoderoso había enviado por su Espíritu a través de los profetas anteriores." (Zacarías 7:8-12)

Es interesante que Dios ni idealice a los pobres ni condene a los ricos. Simplemente espera que los ricos ayuden a los pobres. Simplemente espera que todos los israelitas cuiden de sus compatriotas, "ayúdalos como a un extraño o a un extranjero, para que sigan viviendo entre vosotros" (Levítico 25:35). "No perviertas la justicia, no muestres parcialidad hacia el pobre ni favoritismo hacia el grande, sino juzga con equidad a tu prójimo" (Levítico 19:15).

En cuanto a los sistemas políticos posteriores que gobernaron Jerusalén y a los israelitas, los persas gobernaron Jerusalén durante doscientos años después del exilio babilónico alrededor del 720 a.C. Como de costumbre, extrajeron riquezas para enviarlas a Persia. Lo mismo con los romanos. Los recaudadores de impuestos que conoció Jesús sacaban dinero de la gente para enviarlo a Roma y se quedaban una parte para ellos. Cuando Zaqueo, uno de los principales recaudadores de impuestos, conoció a Jesús, se arrepintió y juró que devolvería el cuádruple de lo que le había quitado a la gente (Lucas 19:1-10).

La Biblia no ataca a los ricos por sus riquezas, sino por la forma en que las obtienen, si se las arrebatan a los pobres. Hoy vemos los mismos métodos utilizados por los ricos corruptos para quitarles a los pobres. Un reciente artículo del New York Times señalaba los problemas del control de alquileres en la ciudad de Nueva York: "La vivienda asequible está desapareciendo a medida que los propietarios explotan un sistema roto, expulsando a los inquilinos de alquiler regulado y catapultando los apartamentos al mercado libre"[20]. Éste es sólo un ejemplo de cómo los ricos pueden explotar a los pobres. Hace miles de años que los ricos utilizan las mismas técnicas.

El problema no está en la riqueza, sino en el abuso y la opresión de los pobres. El Dr. Walter Brueggerman, un erudito del Antiguo Testamento ahora jubilado, habló en Charlotte en la primavera de 2018 de nuestro contexto, una economía injusta. Concluyó que:

1. Hemos llegado a aceptar como normal una economía basada en la extracción, que agota los recursos y el capital sin renovarlos.[21]
2. La Biblia ofrece una alternativa: una economía basada en la generosidad y la justicia, una economía de proximidad.
3. Existe una tensión real entre la economía extractiva y la economía del prójimo. No es tarea de la Iglesia aliviar esta tensión, sino afrontarla.
4. Al enfrentarnos a esta tensión, debemos ser conscientes de los dos tipos de personas que no aportan nada a nuestra economía: los que no tienen nada y los que no hacen nada, sentados todo el día, y los que no producen, en la cima de los sistemas económicos en los que los poderosos extraen su riqueza de las personas vulnerables.[22]
5. En la tradición cristiana, la Eucaristía se ha convertido en un símbolo de pecado, pero en realidad es un símbolo de gratitud por el maná que Dios nos ha dado. La gratitud conduce a la generosidad. Sin gratitud, sólo hay avaricia.

---

20 Kim Barker, "Detrás de la crisis de vivienda de Nueva York: Leyes Debilitadas y Regulación Fragmentada", New York Times, 20 de mayo de 2018.
21 Stephen Hinton, "¿Qué es la economía extractiva?", Medium.com, 20 de mayo de 2018, https://medium.com/@stephenjhinton/explainer-what-is-the-extractive-economy-65172f28bd6.
22 Ken Camp, "El Antiguo Testamento ofrece una crítica relevante de la injusticia económica, dice Brueggermann", Baptiststandard.com, 9 de noviembre de 2016, https://www.baptiststandard.com/news/texas/old-testament- offers-relevant-critique-of-economic-injustice-brueggemann-says/.

LLAMADA DE AYUDA A LOS POBRES Y NECESITADOS

En el mundo de Dios hay suficiente para todos, pero la economía estadounidense no cuida de sus marginados.[23]

Si nuestra economía es una economía extractiva, como la de las monarquías del antiguo Israel, ¿cómo conciliamos nuestros valores democráticos con el deseo de los ricos de enriquecerse y su indiferencia hacia los pobres y lo que les sucede? Como nuestra economía favorece a los ricos, pueden denigrar a los pobres, quitarles todo lo que puedan, negarse a apoyar cualquier legislación que les conceda la liberación de la deuda contraída a causa de las leyes que favorecen a los ricos. Los altos ejecutivos pueden aumentar enormemente su propia remuneración y pagar pocos aumentos a los trabajadores.

Estas desigualdades no se limitan a la mano de obra. En el *Charlotte Observer* del 7 de junio de 2018, un informe sobre los distritos escolares públicos de Carolina del Norte reveló un problema sistémico de mantener a los niños de bajos ingresos con calificaciones superiores en los exámenes fuera de las clases avanzadas de matemáticas. Los problemas persisten; incluso se denigra a los niños.

¿Debemos permitir que las escuelas discriminen a los estudiantes de bajos ingresos? ¿Debemos permitir que las ciudades y los condados añadan tasas judiciales a personas que saben que no pueden pagarlas y, por tanto, van a parar a la cárcel por falta de pago? ¿Debemos permitir que los directores generales y otros altos ejecutivos se enriquezcan a costa de sus empleados, que cobran una pequeña fracción del salario y las prestaciones de los directores generales? ¿Debemos permitir reducciones fiscales para los ricos sin reducciones similares para los pobres? ¿Dónde está el límite? ¿Dónde están las reglas de Dios para cuidar de todos por igual? ¿Qué ha pasado con la movilidad ascendente en nuestro país, o ha sido siempre sólo para los ricos?

---

23 Mis notas de Walter Brueggerman, discurso en la Primera Iglesia Presbiteriana, Charlotte, NC, 4 de marzo de 2018.

¿Qué hay del poema de Emma Lazarus grabado en la Estatua de la Libertad?

Dame tus cansados, tus pobres,
tus masas amontonadas que anhelan respirar libres, los miserables desechos de tu poblada orilla.
Envíamelos, a los desamparados, a los tempestuosos, ¡alzo mi lámpara junto a la puerta dorada!

Esta era la promesa del Nuevo Mundo que aliviaría a los pobres y necesitados de la opresión del Viejo Mundo. Y aquí estamos hoy, encaminándonos hacia una economía como la de la Edad Media, con dos clases de personas, los ricos y los muy pobres. Nos parecemos muy poco a lo que era Estados Unidos después de la Segunda Guerra Mundial, esa época de gran productividad en la que todas las clases económicas tenían esperanzas de ascender. Ahora eso ha desaparecido.

Capítulo 8:
Comunidad

El pacto de Dios es con toda la comunidad israelita, no con un solo individuo. No se trataba de Moisés y Dios, ni de Josué y Dios. Tampoco se trata de mí y Dios, ni de ninguna otra persona y Dios, ni de los israelitas y Dios; se trata de Dios mismo y de todas las personas que creó. Al fin y al cabo, todos fuimos creados "a su imagen y semejanza" (Génesis 1:26), una referencia a un concepto plural de Dios. Dios, como se reveló más tarde, es Dios Padre, Jesucristo y el Espíritu Santo. La primera comunidad. Y nuestro modelo.

La alianza de Dios con su pueblo tiene que ver con su relación con Él, con incluir algo más que al propio Dios. En nuestro caso, se trata de algo más que cada uno de nosotros; se trata de la comunidad. Dios se refiere a la Trinidad y a toda la creación. Y si hemos de seguir el modelo de Cristo, de Dios y del Espíritu Santo, nos unimos a todas las personas: ricos y pobres, jóvenes y ancianos, oprimidos y libres; a todas las personas vivas de las que Dios se preocupa. Y así deberíamos hacerlo nosotros, si queremos servir a Dios. Al fin y al cabo, los estudios sobre el ADN demuestran que hay menos de un 0,1% de diferencia entre todos los seres humanos, independientemente de la raza, la etnia o cualquier otra diferencia que podamos considerar importante.[24]

---

[24] "Una Especie, Viviendo en Todo el Mundo", Smithsonian Museo Nacional de Historia Natural, humanorigins.si.edu/evidence/genetics/one-species-living-worldwide.

Como dice el Padre Richard Rohr: "La comunidad parece ser la estrategia de Dios y la levadura de Dios dentro de la masa de la creación. Es a la vez el medio y el mensaje. Es a la vez el principio y la meta: 'Que todos sean uno... para que el mundo crea que tú me has enviado... que sean uno como nosotros somos uno, yo en ellos y tú en mí'".[25]

En su libro La Experiencia Interior, el monje trapense del siglo XX Thomas Merton escribió sobre la profundidad de su experiencia en la vida cristiana:

> No hay otra forma de vida cristiana que la vida común. Hasta que Cristo no sea vivido como una relación entre personas, el Evangelio seguirá siendo en gran medida una abstracción. Hasta que Cristo no sea transmitido personalmente a través de la fidelidad y el perdón, a través de los lazos concretos de unión, dudo que sea transmitido por palabras, sermones, instituciones o ideas.[26]

Jesús fue un ejemplo de ello: habló con ricos y poderosos, con fariseos y escribas, con pobres y marginados. Servía a las multitudes tanto enseñanzas como comida. Pidió que le invitaran a casa de un recaudador de impuestos (Lucas 19:5). Se reunió con fariseos y respondió a sus quejas (Lucas 5:30-31). Les desafió a incluir a personas que no eran como ellos:

> Cuando ofrezcas un almuerzo o una cena, no invites a tus amigos, a tus hermanos o hermanas, a tus parientes o a tus vecinos ricos. Si lo haces, puede que te vuelvan a invitar y así te lo pagarán. Pero cuando des un banquete, invita a los pobres, a los lisiados, a los cojos, a los ciegos, y serás bendecido.

---

[25] Padre Richard Rohr, "La Realidad en Comunión", correo electrónico diario, domingo 6 de mayo de 2018.
[26] Thomas Merton, La Experiencia Interior: Notas sobre la Contemplación, (San Francisco: Harper, 2003), 22.

Aunque ellos no puedan pagároslo, os lo pagarán en la resurrección de los justos. (Lucas 14:12-14)

Sobre todo, contaba parábolas que desafiaban las normas de la época, historias que hacían que la gente se parara a pensar. Si algo nos enseñó Jesús es a sentirnos a gusto con cada persona que encontramos, porque todas pertenecen a Dios, aunque todavía no lo sepan. Sus mismas palabras nos invitan y desafían hoy a incluir a todos.

El arzobispo Desmond Tutu escribe en su libro *Dios no es Cristiano y Otras Provocaciones* sobre el concepto africano de ubuntu:

> [*Ubuntu* es] la esencia del ser humano. Habla de cómo mi humanidad está ligada inextricablemente a la tuya. No dice, como Descartes, "pienso, luego existo", sino "existo porque pertenezco". Necesito a otros seres humanos para ser humano. El ser humano completamente autosuficiente es infrahumano. Sólo puedo ser yo si tú eres plenamente tú. Soy porque somos, porque estamos hechos para la unión, para la familia. Estamos hechos para la complementariedad. Hemos sido creados para una delicada red de relaciones, de interdependencia con nuestros semejantes, con el resto de la creación.[27]

Rob Bell, autor, conferenciante y antiguo pastor, iría aún más lejos al describir las interrelaciones que siempre están presentes entre los seres humanos:

> Por eso, cuando Jesús nos llama a amar al prójimo, hay algo más que un mandamiento o una declaración ética o una regla de vida. Es una verdad sobre la propia naturaleza de la realidad. Estamos profundamente conectados con todos los que nos rodean, y nuestras intenciones,

---

[27] Desmond Tutu, Dios no es Cristiano y Otras Provocaciones (Nueva York: HarperOne, 2011), 21-22.

palabras, pensamientos e inclinaciones hacia ellos importan más de lo que podemos llegar a comprender.[28]

Todos estamos ya profundamente conectados, seamos o no conscientes de cualquier conexión". Bell continúa:

Ese es Dios en su totalidad, reuniendo todos nuestros cuerpos y nuestras mentes y nuestras almas y nuestros espíritus y todas las partes y piezas que nos hacen ser nosotros, cuando nuestros ojos se abren...

En
lo bueno, lo malo, lo feo
lo bello,
lo inspirador y lo desgarrador
a la presencia en toda la vida del Dios que está con nosotros,
por nosotros
y nos precede.[29]

Ya estamos estrechamente conectados con todos los demás seres humanos a través de nuestro Creador y del sistema interdependiente que Él creó. Esa es la realidad, seamos o no conscientes de ello. Cuando podemos traer esta verdad a la mente consciente, entonces podemos empezar a comportarnos de forma que refleje nuestra interconexión e interdependencia.

Podemos pensar en muchas comunidades a las que pertenecemos. Yo tengo un grupo GALS (Gratitud, Afirmación, Amor, Espíritu) que se reúne dos veces al mes para compartir, estudiar, ser real y crecer. Pertenezco a un grupo de la Orden Contemplativa Wesleyana que se reúne una vez al mes para hacer oración centrante. Mi principal

---

[28] Rob Bell, De Qué Hablamos Cuando Hablamos de Dios (Nueva York: HarperOne, 2013) 202.
[29] Bell, 207.

hogar espiritual es una iglesia presbiteriana. Tengo varios grupos de amigos: viejos y queridos amigos en California; nuevos amigos en Charlotte, a los que también quiero. Tengo a toda mi familia de origen y también a la familia de mi marido. Están mis tres hijos, sus cónyuges y sus hijos. Soy directora espiritual y pertenezco a una comunidad de directores espirituales. Formo parte de mi barrio. De mi ciudad. Del estado de Carolina del Norte. Los Estados Unidos de América. Y de todo el mundo. Son muchas comunidades.

Dios no sólo creó a un hombre, sino también a una mujer para que fuera su compañera, ambos a Su imagen. Y tuvieron hijos. Y sus hijos tuvieron hijos. Y así sucesivamente. La intención de Dios no era que viviéramos aislados, sin otros que nos ayudaran, apoyaran, guiaran y amaran. Cuando imitamos el plan de Dios para nosotros en nuestras vidas, vivimos profundamente conectados a otras personas. Ese es el plan: la interconexión de todos nosotros a través de nuestra creación por Dios y los lazos que el Espíritu Santo Residente establece entre nosotros.

Cuando pensamos en la Biblia como algo sugerente más que exhaustivo, cuando podemos ver y oír de verdad todo lo que Jesús enseñó no sólo con nuestros ojos y oídos físicos, sino también con los ojos y oídos de nuestras almas, tenemos que ampliar nuestro concepto de los pobres y necesitados: "El parentesco es el que cambia las reglas del juego", dice el Padre Gregory Boyle a los miembros de las bandas de Los Ángeles. Ofrece trabajo en Homeboy y Homegirl Industries como vía para salir de la vida de las bandas. Escribe en *Barking to the Choir*:

> El parentesco... es la Perla preciosa. Es el tesoro enterrado en el campo. Vendamos todo para conseguirlo. Sin embargo, pensamos que el parentesco está fuera de nuestro alcance... El Parentesco Evangélico siempre desenmascara el juego, empuja al status quo en constante necesidad de conversión, porque al status quo sólo le interesa juzgar incesantemente,

comparar, medir, buscar chivos expiatorios y competir. Y nosotros, el Coro, estamos atrapados en la complacencia.[30]

Como comunidad de todos los pueblos de esta Tierra, tenemos que reconocer el valor de cada uno para Dios y para toda la comunidad. En los Estados Unidos estamos muy lejos de hacerlo. Tantas familias funcionan como unidades discretas, no equipadas para la comunidad, sólo para fomentar nuestro propio yo y nuestro propio núcleo familiar. Los lazos que nos unen a nuestras familias extensas, personas con intereses comunes, vecinos y compatriotas en una democracia parecen ser tenues en el mejor de los casos en estos días. No parece importarnos cómo le va a otro o cuáles son sus necesidades. Estamos en esto por nosotros mismos.

Volver a la comunidad y a la familia, a la familia del hombre, a los brazos de Dios, ése es el objetivo de la existencia humana. Porque todos pertenecemos a Dios, lo sepamos o no. Para los seres humanos suele ser mucho más fácil ocuparse de los nuestros y rechazar al resto. Ser hostiles a los que son diferentes de nosotros, a los que adoran a otro Dios o de otra manera, a los que tienen la piel de otro color.

Y la religión, que debería enseñarnos a llevarnos bien unos con otros, a menudo se queda muy corta en este objetivo. El obispo Desmond Tutu dice de nuevo la verdad sobre nuestro mundo:

> La religión, la cual debería fomentar la hermandad, la tolerancia, el respeto, la compasión, la paz, la reconciliación, la solidaridad y el compartir, con demasiada frecuencia ha hecho todo lo contrario. La religión ha fomentado la alienación y el conflicto y ha exacerbado la intolerancia, la injusticia y la opresión. Algunas de las atrocidades más horribles han ocurrido y ocurren en nombre de la religión.[31]

---

30 Padre Gregory Boyle, Barking to the Choir (Nueva York: Simon & Schuster, 2017), 10.
31 Tutu, 51.

LLAMADA DE AYUDA A LOS POBRES Y NECESITADOS

Cuando observamos a Jesús, "Dios encarnado" (Isaías 9:6), para conocer cómo se comportó durante su estancia en la tierra, vemos a un hombre integrador que se sentía como en casa con leprosos y pecadores, fariseos y escribas, samaritanos y romanos: toda la amplitud y variedad de la sociedad de Israel en aquella época. Hablaba con mujeres en público (algo inaudito en su época). Sanaba, afirmaba, llamaba, amaba y desafiaba a todos los que encontraba. Les daba lo que necesitaban. No rechazó a nadie. Era como si todo el pueblo que vivía en Israel, y también los no israelitas, fueran el pueblo de Jesús. Todos son hijos de Dios. Como cristianos, como seguidores de Jesús, como todos somos creados a imagen de Dios, necesitamos vivir esta verdad.

La comunidad es la naturaleza del reino de Dios, donde todos son bienvenidos una vez que han puesto toda su atención en Dios.[32] Cada persona tiene la capacidad de darse cuenta de lo que ya es verdad, pero no se vive: que todos existimos en Dios en todo momento. Ya somos la comunidad de todos los hombres, mujeres y niños. Estamos unidos por el Espíritu Morador de Dios; todos fuimos creados a su imagen; todos pertenecemos a Dios. Seguir a Jesús significa que estamos en proceso de darnos cuenta de lo que ya es verdad: que todos somos Suyos, aunque mientras vivamos en este mundo, *de este mundo*, nos consideraremos separados, desconectados de Dios o de otras personas.

Veo que está toda la comunidad de la Iglesia, que ojalá evolucione hasta convertirse en personas que puedan vivir en el reino donde el fruto del Espíritu reina, donde todos son iguales y honrados por sus contribuciones al servicio de Dios, donde hay una verdadera comunidad. Y están las personas que aún no han llegado ahí, que tienen las mismas aspiraciones y anhelos que nosotros, pero que quizá aún no lo saben, que ojalá se encuentren con un seguidor de

---

32 See my book *Thy Kingdom Come!*

Jesús que los mire con amor, sin importar lo que hayan hecho. Y les cambie la vida.

Capítulo 9:
Justicia Reparadora

En la parábola del hijo pródigo (o perdido) de Lucas 15:11-32, vemos cómo trata Dios a los pecadores que se arrepienten y acuden a Él. Un hijo había pedido su parte de la herencia y luego continuó desperdiciándola viviendo vergonzosamente. Finalmente, se dio cuenta de que podía ser un siervo en la casa de su padre, haciendo el mismo tipo de trabajo al que se había visto reducido en el mundo, pero viviendo de nuevo en casa, así que regresó al hogar familiar. Su padre estaba esperando su regreso y salió corriendo a recibirlo. Dejó de lado cualquier confesión de culpa o vergüenza y celebró el regreso de su hijo, devolviéndole el lugar que le correspondía en la familia. El padre estaba lleno de amor y perdón por su hijo descarriado.

Y con el segundo hijo, el hijo cariñoso que no se había descarriado, el padre también lo miró con amor: "'Hijo mío', le dijo el padre, 'tú estás siempre conmigo y todo lo que tengo es tuyo'. Pero teníamos que celebrar y alegrarnos, porque este hermano tuyo estaba muerto y ha vuelto a la vida; estaba perdido y ha sido encontrado'". (Lucas 15:31-2) Ambos hijos habían malinterpretado al padre: el que era rebelde pensaba que su padre sólo le permitiría ser sirviente en su casa cuando regresara, y el segundo hijo era obediente, pero se perdió todas las bendiciones de la relación con su padre porque no se sentía amado.

Al asimilar la profundidad de esta parábola, vemos el amor y el perdón que Jesús nos ofrece. Ninguno de nosotros es perfecto, pero aun así, cuando nos arrepentimos y seguimos a Jesús, Dios nos colma de amor y perdón. Dios está esperando que volvamos a Él, igual que esperó a que el pueblo de Israel en el Antiguo Testamento volviera a Él, a sus leyes.[33]

En nosotros está impreso el anhelo de volver a casa, el anhelo de disfrutar de los frutos de una estrecha relación con Dios, de ser amados tal como somos, del mismo modo que Dios anhela nuestro regreso. Su creación del hombre lleva implícita una justicia reparadora una vez que hemos visto el error de nuestros caminos y admitido lo que hemos hecho y lo que hemos sido. No se trata de que no volvamos a pecar, sino de que, cuando hayamos puesto a Dios y al Espíritu Santo por delante de todo lo demás en nuestras vidas, seremos perdonados si volvemos a faltar. Los dos hijos de la parábola del hijo pródigo tienen que ampliar su concepción de quién es Dios.

El dicho de Jesús "sed perfectos como lo es vuestro Padre que está en los cielos" (Mateo 5:48) no debe entenderse como la defensa de un enfoque al pie de la letra de nuestra relación con Dios. La palabra griega traducida como "perfectos" es teleios, que significa perfecto en el sentido de totalidad y plenitud.[34] Así es como Jesús ordenó que fuera nuestro amor a Dios: todo nosotros mismos, todo nuestro corazón, alma, mente y cuerpo (Mateo 22:34-40, Marcos 12:28-34, Lucas 10:25-28).

Cuando nos arrepentimos, cuando volvemos a Dios, pertenecemos a Dios. Él, de muchas maneras a través de Su Espíritu, nos lleva en un viaje de sanación. Él amplifica el efecto de lo que decimos y hacemos. Prepara el terreno en los corazones y las almas de las personas con las que nos encontramos para que puedan ver y oír mejor lo que decimos y hacemos. Todo gracias al principio de Dios de que somos bienvenidos de nuevo en el redil, sin importar lo

---

33 http://www.shuvaglobal.com/media/israel-70-biblical-reasons/ cita 70 veces que la Biblia habla del regreso de Israel a la Tierra Prometida.
34 Strong's #5455, 1596.

que hayamos hecho, restaurados a ser uno de Sus hijos, una vez que volvemos a Él

Si es ahí donde nos lleva su amor y su perdón, entonces estamos obligados a hacer lo mismo con nuestros semejantes. Estamos obligados a ofrecerles un lugar en el reino de Dios cuando se hayan arrepentido, cuando se hayan vuelto a Dios. Eso significa que dejamos de juzgarlos. Vemos que ya han sido castigados por lo que han hecho. Que merecen el perdón por lo que hicieron y el amor de Dios a través de nosotros. Deben ser devueltos al lugar que les corresponde en la familia de Dios. Debemos acogerlos, como Dios los ha acogido. Cuando los ayudamos, en realidad estamos sirviendo a Jesús. (Mateo 25:34-40)

Tenemos muchos ejemplos bíblicos de la justicia reparadora de Dios. Estos son dos: Moisés, que asesinó a un hombre, se convierte en el intermediario de Dios con los israelitas; Saulo de Tarso, un fariseo que perseguía a la iglesia primitiva, después de un encuentro con Cristo vivo como Pablo, difundió la palabra sobre la iglesia por toda la zona mediterránea.

Esta es la justicia reparadora de Dios, que ofrece amor y perdón a los que se han desviado. Ese perdón no es algo normal, ni siquiera común, que los humanos ofrezcamos a quienes juzgamos delincuentes; tendemos instintivamente a ser más castigadores e implacables. Incluso después de una pena de cárcel, prueba concreta de que uno ha pagado el precio de su pecado, aislamos al antiguo preso. Podemos negarles los beneficios de la ciudadanía, restringiendo su derecho al voto. Podemos dificultar la búsqueda de empleo. Alquilar un apartamento con un delito en su historial puede ser casi imposible. En general, condenamos a los ex convictos al ostracismo y seguimos castigándolos incluso después de que hayan pagado su deuda.

Un ejemplo de justicia reparadora que sacudió nuestro concepto más castigador de la justicia se produjo en Sudáfrica cuando se desmanteló el apartheid, una política gubernamental de segregación racial, en la década de 1990. El nuevo Gobierno de Unidad Nacional, a través de negociaciones con el gobierno que había impuesto el apartheid, instituyó la Comisión de la Verdad y la Reconciliación (CVR) como forma de sanar algunas de las atrocidades derivadas de décadas de segregación sancionada por el gobierno.

En las negociaciones entre el antiguo gobierno, que quería la total amnistía para sus autores de la violencia contra los pueblos africanos, y el nuevo gobierno, que quería honrar la agonía de su ciudadanía, se adoptó un sistema de justicia reparadora. Los autores de la violencia podían solicitar la amnistía, pero tenían que admitir exactamente lo que habían hecho ante la comisión. Las víctimas podían ser escuchadas en el tribunal, a veces mientras se enfrentaban al perpetrador del agravio que se les había hecho. El obispo Tutu describió la importancia de esta política de reconciliación:

"La justicia reparadora, cuyo principal objetivo no es el castigo, sino la reparación, la curación... considera fundamental la humanidad esencial del autor, incluso de la atrocidad más espantosa, sin renunciar nunca a nadie, creyendo en la bondad esencial de todos como creados a imagen de Dios, y creyendo que incluso el peor de nosotros sigue siendo un hijo de Dios con el potencial de mejorar, alguien a quien salvar, rehabilitar, no condenar al ostracismo, sino, en última instancia, reintegrar en la comunidad. La justicia reparadora cree que un delito ha causado una brecha, ha perturbado el equilibrio social, que debe ser restaurado, y la brecha sanada, en un proceso a través del cual el delincuente y la víctima pueden reconciliarse y restablecerse la paz".[35]

La CVR elaboró esta lista de cinco "R" para guiar el proceso:

1. afrontar la realidad
2. aceptar la responsabilidad

---

[35] Tutu, 42-43.

3. expresar arrepentimiento
4. conocer la reconciliación (si es posible con la víctima)
5. resarcirse[36]

El propósito de la CVR era restaurar el sentido de comunidad en Sudáfrica mediante el reconocimiento de la verdad sobre lo ocurrido y buscando la reconciliación y la sanación.

En este proceso de reconciliación está el reconocimiento de que, por encima de todas las cosas pecaminosas o malas que hayamos hecho, seguimos siendo hijos de Dios. Pensemos en lo que debió significar para un hombre blanco que abusó de sus semejantes tener que dar la cara públicamente y admitir su maldad, su pecado. Enfrentarse a la gente de la que abusó. Tuvo que confesar, admitir su error. Sólo puedo imaginar que sin esa confesión pública, podría haber seguido haciendo lo que siempre había hecho. Pero con ella, tuvo la oportunidad de cambiar, de arrepentirse y de buscar otro camino en la vida. ¿No es eso precisamente lo que hace el alcohólico en AA cuando admite su impotencia ante el alcohol y busca la ayuda de otros para que le apoyen en su camino hacia una nueva vida? El hombre blanco de Sudáfrica y el alcohólico de cualquier parte -pecadores en todas partes- tienen el mismo proceso. Comienza admitiendo la verdad absoluta sobre quiénes somos y qué hemos hecho. Con eso, tenemos una oportunidad real de cambiar nuestras vidas.

Piense en Saulo de Tarso, fariseo y judío, que acosaba y castigaba a los seguidores de Jesús después de su muerte. Un día tuvo un encuentro con Jesús en el camino de Damasco. Jesús le dijo: "Saulo, Saulo, ¿por qué me persigues?". (Hechos 9:3-4) Esa pregunta cambió su vida. Tuvo que admitir la verdad ante sí mismo al enfrentarse a

---

36 Mike Batley, "Justicia Reparadora en el Contexto Sudafricano", en Más allá de la Retribución: Perspectivas de la Justicia Restaurativa en Sudáfrica, Monografía núm. 111, ed. T. Maepa. T. Maepa (Pretoria: Instituto de Estudios de Seguridad, 2005), 22, https://oldsite.issafrica.org/uploads/111CHAP2.PDF.

esa pregunta de Cristo. En ese encuentro perdió la vista, por lo que unos amigos lo guiaron hasta Damasco, donde Ananías fue llamado por Jesús para devolverle la vista. A partir de entonces se convirtió en seguidor de Jesús, predicó el Evangelio por toda la zona mediterránea y ayudó a fundar la Iglesia.

Cuando se concede el máximo valor a la comunidad, se expresan el amor y el perdón, así como la responsabilidad y la pertenencia a esa comunidad. Quien ha hecho el mal a otro no se ha librado del castigo, aunque nunca le descubran. Vivirá con miedo, a la defensiva, esperando un castigo en cualquier momento. Siempre estará mirando por encima del hombro por si viene algo malo. No hay paz, ni bendición, ni gracia en una vida de maldad. Violar nuestra propia conciencia innata es amontonar el mal sobre nosotros mismos.

Sólo hay una manera de salir del pecado y del mal que hemos hecho: arrepentirnos. Es decir, reconocer la verdad sobre nosotros mismos, y llevarnos a Dios con la intención de cambiar de vida y servir al Señor. Entonces vivimos la verdad de la parábola del hijo pródigo. Poseer la verdad sobre nosotros mismos tiene tanto poder, incluso cuando la verdad es vergonzosa y nos hace sentir culpables. Nos trae paz y nos libera de tener que estar siempre protegiéndonos, defendiéndonos, aislándonos. Podemos vivir en la verdad, en integridad. Tratar de vivir en paz sin asumir la verdad sobre quiénes somos, sobre lo que hemos dicho y hecho, es imposible.

La justicia reparadora es muy apreciada tanto en el Antiguo como en el Nuevo Testamento. La justicia reparadora refleja las enseñanzas de Jesús sobre servirle a Él cuando servimos a los demás. Sigue las antiguas leyes de los mandamientos de Levítico, Números y Deuteronomio. Tenemos que preguntarnos si nosotros también seguimos las enseñanzas de Dios en la forma en que tratamos a los demás, en cómo se aplican las leyes de nuestro país. No basta con creer en Jesús si no seguimos sus enseñanzas.

LLAMADA DE AYUDA A LOS POBRES Y NECESITADOS

Es importante que nos hagamos estas preguntas, porque la reputación del cristianismo en el mundo depende de cómo vivamos y actuemos los cristianos, y de lo plenamente que abracemos a todas las personas que fueron hechas a imagen de Dios, igual que nosotros.

Capítulo 10:
Si Nos Tomamos En Serio Esta Llamada De Ayuda

Si nos tomamos en serio esta llamada a ayudar a los pobres y necesitados, tal como es la intención de Dios para cada uno de nosotros, ¿qué podemos decir de vivir en un mundo hundido? ¿No estamos participando en el pecado si no hacemos nada al respecto? ¿Asumimos que este gran tema de la Biblia no se aplica a nosotros? ¿Es un problema demasiado grande para nosotros? ¿Qué podemos hacer?

Nuestro propósito es vivir en el reino de Dios aquí en la tierra y no estar sujetos a lo que piensa el mundo, pero -y es un gran PERO- ¿qué hacemos con los pobres, los condenados al ostracismo, los inválidos, los odiados, los oprimidos? La Biblia dice dos veces (en Deuteronomio 15:11 y Mateo 26:11) que los pobres siempre estarán con nosotros. No basta con creer en Jesús. Tenemos que hacer que nuestros pensamientos y acciones concuerden con Sus enseñanzas. Jesús pasó mucho tiempo con los oprimidos, los rechazados, reconociéndolos y valorándolos con su sola presencia. Luego los curó. Les dio de comer. Criticó a los poderosos de su tiempo. Les enseñó Sus caminos. Si somos seguidores de Jesús, ¿qué nos pide? La respuesta me parece sencilla: Nos pide que hagamos lo mismo. La diferencia es que cuando ponemos a Dios en primer lugar, como hizo Jesús, por encima de todo lo demás, lo escuchamos en todo lo que decimos y hacemos. Entonces asumimos el propósito específico al que Él nos llama.

Si nos resulta difícil seguir la "vocecita interior" del Espíritu de Dios, si luchamos con nuestra vocación, hay una estrategia sencilla en las acciones de Cristo. Jesús siempre iba a orar; nosotros podemos hacer lo mismo. Orar, pedir Su guía, escuchar Su respuesta, y luego hacer lo que Él dice. Esta es la receta. Es sencilla: No somos de este mundo, así que no escuchamos las soluciones del mundo a los problemas de aquí. Escuchamos al omnisciente, omnisapiente, Hijo del Dios Viviente. No preguntamos a nadie lo que debemos hacer. Vamos a la Fuente de toda sabiduría y hacemos lo que Él nos pide que hagamos.

Y cuando hacemos lo que Él nos pide, sabemos que Él nos apoyará, guiará y nutrirá en esta llamada. Confiamos en que todas nuestras necesidades serán atendidas cuando nos pongamos totalmente en Sus manos. Sabemos que creceremos en nuestra capacidad de servir conforme Dios nos sane y nos transforme. Estamos dispuestos a ir más allá de la comprensión del mundo para ver a la otra persona no sólo como la ve Cristo, sino que vemos a Jesús en el prójimo, en todos los hombres y mujeres y niños. Y esto marca la diferencia, porque al servir al otro, le estamos sirviendo a Él (Mateo 25:31-46, Parábola de las ovejas y los cabritos).

Creo que hay una lección para aquellos que siguen a Cristo en lo que sucedió en Ferguson, Missouri, el 9 de agosto de 2014. Un policía disparó a un joven negro llamado Michael Brown, Jr. y lo dejó tendido muerto en la calle durante horas. Inmediatamente, los jóvenes se manifestaron frente a la comisaría, muchos de ellos no cristianos. Varios clérigos se sintieron llamados a sumar su presencia con la esperanza de evitar que las tensiones se intensificaran y que más jóvenes resultaran heridos o muertos. Clérigos blancos y negros de distintas confesiones se reunieron entre la policía y los jóvenes para rezar. No decían a los jóvenes lo que tenían que hacer; se limitaban a ofrecer su presencia, día tras día. En el libro de Leah Gunning Francis, *Ferguson & Faith: Sparking Leadership & Awakening Community*, hay muchas entrevistas con el clero y los jóvenes que detallan cómo se involucraron y cómo fue. La doctora Francis, decana del Seminario

Teológico Cristiano de Indianápolis (Indiana), habla de su experiencia y de por qué escribió un libro sobre esta conjunción de policía y jóvenes manifestantes y clérigos: "Como teóloga práctica, asumí la tarea de buscar los principios divinos de amor, justicia, fidelidad y esperanza, y quise contar y reflexionar sobre parte de esa historia utilizando las experiencias de algunos clérigos y jóvenes líderes".[37]

El domingo siguiente, a las tres de la tarde, muchos clérigos se reunieron para rezar en la comisaría y volvieron a interponerse entre los jóvenes y la policía.

> Depositaron simbólicamente sus alzacuellos en el altar de la justicia y dejaron claro que su resistencia era una acción de su fe... No sólo expresaron su apoyo a los manifestantes, sino que arriesgaron sus cuerpos y aportaron la seriedad de su autoridad moral al momento y al movimiento. Enviaron un mensaje claro de que estaban aportando los recursos y la autoridad de su fe a la causa de la justicia racial.[38]

En sus iglesias, rezaban por los habitantes de Ferguson y por la familia de Michael Brown. "La oración es un vínculo con la mayoría de las expresiones de fe", escribe Francisco, "pero la pregunta que nos plantea este momento de oración es: ¿Qué ocurre después de rezar? ¿Qué hacemos realmente en respuesta a aquello por lo que hemos rezado?"[39]

Aquí es donde se plantea la cuestión de ser un seguidor de Jesús. ¿Dejamos en manos de Dios lo que ocurre cuando existen injusticias, necesidades o pobreza, y esperamos a que Él agite una varita mágica para arreglarlo todo? Por supuesto, rezamos. Y entonces le preguntamos a Jesús: "¿Qué quieres que haga en esta situación?". Escuchamos su respuesta y hacemos exactamente lo que nos sugiere.

---

37 Leah Gunning Francis, Ferguson & Faith: Sparking Leadership & Awakening Community, (St. Louis, MO: Chalice Press, 2015), 5.
38 Francis, 9–10.
39 Francis, 18.

Porque somos sus representantes en este mundo. Si queremos cumplir el propósito para el que fuimos creados, debemos actuar allí donde se nos llama a actuar; debemos ayudar a aquellos a los que se nos llama a ayudar. Si esperamos que Dios agite su varita mágica, estamos muy equivocados. Puede que no seamos del mundo, ¡pero sin duda vivimos en el mundo! Y estamos llamados a seguir a Jesús y a hacer su voluntad.

Santa Teresa de Ávila, una monja carmelita del siglo XVI que influyó enormemente en la Iglesia, expresó este principio de servir a Cristo:

> Cristo no tiene más cuerpo que el tuyo
> Ni manos, ni pies en la tierra más que los tuyos,
> Tuyos son los ojos con los que mira con Compasión a este mundo,
> Tuyos son los pies con los que camina para hacer el bien,
> Tuyas son las manos con las que bendice a todo el mundo.
> Tuyas son las manos, tuyos son los pies,
> tuyos son los ojos, tú eres su cuerpo.[40]

El Reverendo Mike Kinman, decano de la Catedral Christ Church de St. Louis, describe este reto: "Me di cuenta de que era un momento en el que se nos llamaba a salir de la barca (como a Pedro cuando Jesús le llamó a caminar sobre las aguas, en Mateo 14:22-33) ...Así es como sabemos que es Jesús. Jesús nos dice que hagamos algo imposible. Si no es alguien que nos desafía a hacer algo que pensamos que es imposible, probablemente no sea Jesús".[41]

He aquí lo que una de las jóvenes manifestantes, Brittany Ferrell, relató como su experiencia con el clero en Ferguson: "La Iglesia vino a nosotros, tanto si nos dábamos cuenta como si no. Siento que la

---

[40] Rory McEntee & Adam Bucko, The New Monasticism: An Interspiritual Manifesto for Contemplative Living (Maryknoll, NY: Orbis Books, 2015), 16.
[41] Francis, 46.

Iglesia es omnipresente, que está en todas partes. Puedes crear iglesia dondequiera que vayas si encarnas esa semejanza con Dios. No es algo a lo que llegas en auto, aparcas, sales y te sientas allí durante dos horas".[42] Los clérigos trajeron la "iglesia" con ellos; trajeron el amor de Dios y el Espíritu Santo para apoyar a los jóvenes. Cuando detuvieron a los jóvenes, el clero los ayudó a recuperar sus autos para que no fueran confiscados. De muchas otras maneras, ayudaron a los manifestantes. Pero, sobre todo, han demostrado a una población mayoritariamente sin iglesia que la Iglesia es real y verdadera.

Un día, en la escuela dominical de mi iglesia, empezamos a estudiar Romanos y me di cuenta de que Dios no piensa como nosotros. ¿Qué ser humano elegiría al principal perseguidor de los seguidores de Jesús para convertirlo y transformarlo para que pudiera difundir la palabra sobre Jesús por todo el mundo mediterráneo? ¿Quién elegiría a Moisés, de quien los hebreos se habían burlado después de que matara a un egipcio, para sacar a los israelitas de la esclavitud? Siempre soy consciente de las diferencias entre mi forma de pensar y la de Dios.

Hay muchas discusiones entre cristianos sobre si ser fiel a Jesús es una cuestión de fe o de obras. Creo que estamos abordando las cuestiones equivocadas. Las preguntas deberían ser: "¿Estoy siguiendo a Jesús? ¿Escucho su "voz tranquila y suave"? ¿Me ha revelado Él mi propósito? ¿Lo estoy cumpliendo si Él lo ha hecho?". Incluso antes de que podamos escucharlo a lo largo de nuestros días en todos los aspectos de nuestra vida y trabajo, podemos pensar en lo que hizo Jesús e imitar sus acciones. Se hizo amigo de los pobres y necesitados, de los leprosos y cojos, de los enfermos y atormentados. Estuvo presente para ellos: ellos llegaron a conocerlo; Él llegó a conocerlos. Cuando estamos en presencia de Cristo, nos entregamos por completo a nuestro prójimo, como debemos hacer con Dios.

---

42 Francis, 63

Un problema actual en América es el miedo a convertirse en una nación socialista si hacemos demasiado por los pobres. Este miedo desconoce la llamada de Jesús y de la Biblia a ayudar a los pobres y necesitados. A menudo, los pobres y los necesitados están demasiado preocupados por la existencia cotidiana como para mirar hacia una vida mejor. No pueden organizarse para salir del lío en el que se encuentran porque necesitan demasiada energía sólo para sobrevivir hasta mañana. Sus días están llenos de este modo de supervivencia. Una simple ayuda (asistencia médica, ingresos suplementarios, programas educativos que les enseñen a mejorar sus vidas) puede suponer una gran diferencia. Al mostrarnos solidarios, tratamos a quienes luchan por sobrevivir bajo el peso de la pobreza como seres humanos valiosos, hechos a imagen de Dios.

Cuando respondemos a nuestra llamada, cuando obedecemos la llamada de Cristo, aprendemos a mirar a los pobres y necesitados con los ojos de Dios. Escuchemos a la Madre Teresa de Calcuta: "A veces pensamos que la pobreza es sólo tener hambre, estar desnudo y sin hogar. La pobreza de no ser querido, amado y cuidado es la mayor pobreza."[43] No basta con alimentar, vestir y alojar a los pobres y necesitados, sino que también debemos cuidarlos, amarlos y valorarlos. La Madre Teresa añadió: "No nos conformemos con dar dinero. El dinero no es suficiente, se puede conseguir dinero, pero ellos necesitan que sus corazones los amen. El amor puede llevarnos a personas y lugares que están desordenados y probablemente sucios, y también desesperanzados. Posiblemente estén llenos de depresión, poca esperanza y atrapados. Pero luego está el amor. Es el amor de Dios lo que llevamos, el amor que fluye de nosotros hacia el otro sin que hagamos nada. Amor que incluye misericordia y perdón, esperanza y valor, y todo el fruto del Espíritu: paz, alegría, amor, paciencia, amabilidad, bondad, fidelidad, gentileza y autocontrol (Gálatas 5:22-3), para que podamos ser útiles a los demás. La cualidad del amor es mansa, amable y buena. Es fiel y paciente, no importa

---

43 https://www.goodreads.com/quotes/
search?utf8=%E2%9C%93&q=mother+teresa+on+poverty&commit=Search

LLAMADA DE AYUDA A LOS POBRES Y NECESITADOS

lo que encuentre o lo que haya sido en la vida. Es pacífico y lleno de alegría por el mero hecho de conocer bien a otro ser humano. Alguien que ama no tiene problemas con el autocontrol porque sabe que es amado por Dios y que todas sus necesidades están siendo atendidas para que pueda servir a quien(es) está llamado a servir.

Escuche a Jesús para saber a quién debe servir, y cómo y qué debe hacer por él. Escuchar a Jesús es toda la guía que necesitamos. Ya no buscamos las soluciones del mundo para los problemas de los pobres y los necesitados; tenemos la mejor guía que existe con Su íntimo conocimiento de nosotros y de aquellos a quienes hemos de servir. ¿Y esas llamadas de Jesús a hacer lo imposible? Él nos ayudará a cumplirlas.

Dios nos invita a servir en todas partes, siembra semillas constantemente en nuestras vidas, llamándonos a servir, si tan sólo les prestáramos atención.[44] No podemos limitarnos a lo que hace nuestra iglesia, ni nuestros amigos, ni nadie. Cada uno de nosotros es responsable de responder a la llamada que Dios nos hace. Y para cada individuo, la llamada será diferente según nuestros talentos y dones y lo que hayamos aprendido de nuestro propio sufrimiento. Algunos pueden ser llamados a trabajar en albergues para personas sin hogar, pero no sólo para preparar y servir comida. Serán llamados a conocer bien a las personas a las que sirven. Algunos pueden ser llamados a cambiar las leyes que atrapan a los pobres. Algunos estarán llamados a defender a una persona pobre ante un tribunal o un representante de los servicios sociales. Algunos pueden ser tutores. Algunos pueden adoptar a un niño. Y mil cosas más. El Señor nos ofrece innumerables maneras de ayudar a los demás.

Depende de nosotros escuchar exactamente lo que Él quiere de nosotros. Y luego hacerlo. Así es como amamos y honramos el lugar

---

[44] Parable of the Sower in Matthew 13:1-23, Mark 4:1-20, Luke 8:4-15; Parable of the Mustard Seed in Matthew 13:1-23, Mark 4:30-32, Luke 13:18-19, Parable of the Growing Seek in Mark 4:26-29.

primordial de Dios en nuestras vidas. Y cuando respondamos a Su llamada, Él nos guiará en cada paso del camino: qué hacer, cuándo hacerlo, qué decir y mucho más. Y entonces conoceremos la alegría pura de usar todo lo que hay en nosotros para ayudar a los demás. Porque cuando hacemos aquello para lo que hemos sido llamados, nos sentimos totalmente realizados y llenos de alegría.

Capítulo 11:
Nuevas Iniciativas

Al investigar para este libro, me han llamado la atención diversos métodos de lucha contra la pobreza que ayudan a los pobres más allá de la caridad de nuestros servicios sociales, tanto gubernamentales como privados. He leído sobre la Alternativa de Mauricio Miller, sobre un colegio que ha reducido sus expulsiones a la mitad en un año, sobre un programa que recoge a delincuentes drogadictos antes de encarcelarlos y los ayuda con los servicios sociales y la vivienda; he visitado una comida de viernes por la noche en QC [Queen City] Family Tree en Charlotte; he encontrado wateredgardens.org en Internet: todos ejemplos de nuevas formas de levantar a los pobres y necesitados, implicándolos, buscando en ellos ideas que les gustaría intentar para levantarse a sí mismos, nuevas formas de devolverlos a la comunidad. A menudo, los pobres y los necesitados no necesitan tanto un consejo como ayuda para reunir los conocimientos y los recursos necesarios para hacer lo que les gustaría intentar.

Mientras lee estos ejemplos, piense en todo lo que el Espíritu Santo nos está mostrando estos días sobre los pobres y los necesitados. Estoy seguro de que habrá oído hablar de otros lugares en los que Él está promoviendo activamente nuevas formas de conseguir ayuda para los pobres y los necesitados.

La Alternativa

Mauricio Miller es trabajador social y becario de la Fundación MacArthur, director de una agencia de servicios sociales que dejó su trabajo para poner en marcha un programa llamado Alternativa. Miller cuenta cómo empezó el programa:

> En diciembre de 1998, me encontraba en un momento muy delicado. Durante veinte años, la agencia de servicios sociales sin ánimo de lucro que dirigía había proporcionado formación laboral y apoyo a cientos de hombres y mujeres jóvenes, pero ahora veía que los hijos de mis primeros aprendices aparecían y seguían necesitando los mismos servicios. Cada vez tenía más claro que mi trabajo no estaba cambiando las cosas para las familias a las que intentaba ayudar. los servicios que yo ofrecía. Los consideraba condescendientes. Para acceder a mis programas, la gente tenía que poner en evidencia sus debilidades, sus deficiencias. Cuanto más indefenso se presentara uno, más elegible era para los servicios. Mi madre odiaba eso. Ella, como la mayoría de las familias con las que crecí, quería ser reconocida por sus puntos fuertes, sus buenas acciones y su duro trabajo.
> Un sistema de ayuda diseñado principalmente para detectar déficits era un enfoque fundamentalmente erróneo, y yo lo sabía.[45]

Miller fue pobre; su madre crió sola a dos hijos y tenía dos trabajos para hacerlo. Miller recuerda que su madre solía llegar a casa hablando de un vestido que había visto en un escaparate y de cómo lo mejoraría. Cree que podría haber sido diseñadora de vestidos, o costurera como mínimo, si hubiera tenido tiempo y recursos.

Su historia se convirtió en la base de Alternativa. Comenzando en Oakland, California, y con la firme convicción de que lo mejor era crear comunidad, Miller reunió a grupos de personas pobres. Les dio una computadora para que hicieran un seguimiento de sus

---

45 Mauricio Miller, La Alternativa: La Mayor Parte de lo que Crees sobre la Pobreza es Incorrecto (Lulu Publishing Services, 2017), 5.

gastos, pensando que necesitaban datos fiables en los que basar sus decisiones. En el grupo, cada pareja aportaba una cantidad simbólica cada mes a un fondo común, que era igualado por el programa, y cada mes una familia distinta podía recurrir a ese fondo común. Miller despidió a cualquier trabajador social que dijera a los clientes lo que tenían que hacer. Utilizaba sus debates de grupo para inspirar las acciones de los participantes.

Cuenta la historia de un grupo de cinco parejas de inmigrantes de El Salvador. Durante meses, una pareja había permanecido en silencio hasta que en una reunión anunciaron que habían comprado una casa. Todos se quedaron boquiabiertos. La mayoría de las familias habían enviado dinero a El Salvador. Inspirados por la historia de esa pareja, en dieciocho meses todas las familias habían comprado una casa. Resulta que la casa que había comprado la primera pareja no estaba en buen estado y la hipoteca era demasiado alta, el 65% de sus ingresos. Unos amigos los ayudaron a arreglar la casa; refinanciaron la hipoteca basándose en las mejoras y ahora no superaba el 40% de sus ingresos.[46]

Otra historia del libro es la de un refugiado camboyano, Ted Ngoy, que compró una tienda de donuts en 1977. Quince años después, los inmigrantes camboyanos poseían más del 60% de las tiendas de donuts de California. "Dio un 'ejemplo tangible' de lo que es posible ".[47]

Miller describe tres características del planteamiento de la Alternativa:
1. Control: Deja que las familias lideren el cambio que quieren que se produzca.
2. Opciones: Las familias merecen una serie de opciones como las personas con más recursos.

---

46 Miller, 138–141.
47 Miller, 115.

3. Comunidad: Para salir de la pobreza hace falta algo más que un esfuerzo familiar individual.[48]

La Iniciativa de Independencia Familiar de Miller se creó para demostrar un enfoque ascendente en lugar de descendente. "Demuestra que quitar de en medio a los ayudantes profesionales produce mejores resultados"[49]

Watered Gardens

Otro método alternativo para atender a las personas en situación de calle es la idea de James Whitford, de Jardines Regados (Watered Gardens), en Joplin (Misuri). Quiso evitar un ministerio "paraeclesiástico" (como el de Campus Crusade for Christ), favoreciendo un ministerio "iglesia-sirviente".[50] Los valores de Watered Gardens son:

Relación: Cada persona está destinada a estar con otra.
Redención: Toda persona está destinada a estar con Dios.
Esperanza: Toda persona debe ver el fin de su pobreza.
Dignidad Humana: Cada persona es una creación noble.[51]

Hay que destacar la inclusión de la comunidad en esta lista, como subraya la Alternativa. Watered Gardens conecta la necesidad de un vecino con las habilidades de otro. Las personas que viven en la calle y se alojan en el albergue ayudan en las tareas de la misión. La Iniciativa Forja de Watered Gardens es un programa de formación de 180 días sobre preparación para el trabajo. Las clases incluyen Pasos hacia la madurez cristiana, Bienestar físico, Compromiso con la comunidad, Vida sana, Administración y economía, Gobierno y vida

---

48 Miller, 128–9
49 Miller, 129.
50 Ministerio Watered Gardens, wateredgardens.
  org/ about-us/mission-vision-and-history/.
51 Watered Gardens.

legal, y preparación para el GED. Watered Gardens no sólo aloja a personas sin hogar, sino que también cambia vidas.

Escuela Secundaria Bammel

En Houston (Texas), la escuela secundaria Bammel estaba repleta de alumnos que se peleaban en los pasillos entre las clases; los profesores sufrían mucho para mantener el control en las aulas. Hoy, tanto alumnos como profesores dicen estar contentos en la escuela. Un reportaje del Texas Tribune explica cómo cambió todo:

> La directora, La Quesha Grigby, explica que la mejora [de noventa y cuatro suspensiones de tres días a cuarenta y siete en un año] se debe a un simple cambio de horario a principios de este curso: treinta y cinco minutos dos veces por semana para que profesores y alumnos hablen en círculo sobre sus sentimientos. La Escuela Secundaria Bammel es una de las cada vez más numerosas escuelas de Texas que han adoptado la "justicia reparadora", que alienta a alumnos y profesores a hablar de sus problemas y establecer relaciones más sólidas para prevenir los conflictos y la violencia antes de que se produzcan. "A veces, esos comportamientos que vemos como problemas de disciplina se deben realmente a que el estudiante tiene dificultades con sus estudios", dijo Grigby. "Nos encontramos en una situación en la que tenemos que hacer algo drástico... porque lo que hemos estado haciendo no está funcionando".[52]

---

[52] Aliyya Swaby, "Dos veces por semana, estos estudiantes de Texas se reúnen en círculo y hablan de sus sentimientos. Se están reduciendo las suspensiones y previniendo la violencia", Texas Tribune, 29 de mayo de 2018, https://www.texastribune.org/2018/05/29/texas-schools-restorative-justice-violence-suspensions/.

El mero hecho de hablar en voz alta sobre lo que ocurre y ser escuchado es un poderoso factor para evitar la violencia en esta escuela, tanto para los profesores como para los alumnos. Llegan a conocerse más profundamente, y tanto los alumnos como los profesores ven algo de cómo funciona el otro dentro de los retos de estar en la escuela.

Árbol Genealógico QC

Charlotte, Carolina del Norte (conocida como la Ciudad Reina), es la sede del Árbol Genealógico QC, que forma parte de una red informal de "nuevo monasticismo": personas de fe orientadas a la comunidad de todo el país que desean trabajar en los barrios pobres de la ciudad en beneficio de sus residentes. Esta es una declaración de intenciones de The New Monasticism: Un Manifiesto Interespiritual para una Vida Contemplativa: "Es una orientación en la vida, un compromiso que nos pide llevar cada aspecto de nuestras vidas a una relación de vida con Dios".[53]

El Árbol Genealógico QC es una idea original de los reverendos Greg y Helms Jarrell. Desde una oficina en un barrio pobre y afroamericano al oeste de Uptown Charlotte, Greg y Helms dirigen una serie de programas para la comunidad en la que viven. La frase que mejor describe su trabajo es "construir una pequeña ciudad por el bien común"[54]. Se centran en dos iniciativas en este barrio: vivienda asequible y ayuda a niños y familias. Ofrecen cinco apartamentos de bajo alquiler en su barrio y participan activamente en la defensa de la vivienda asequible en Charlotte.

---

[53] Rory McEntee, "A New Monasticism for Our Times," The Catalyst (blog), May 7, 2015, http://theshiftnetwork.com/ blog/2015-05-07/new-monasticism-our-times.
[54] [53] Reverend Greg Jarrell, in discussion with the author, June 25, 2018.

Para las familias, ofrecen varios programas. Sirven cenas (con la ayuda de las iglesias locales) dos viernes al mes durante todo el año. Ofrecen un estudio de cerámica para uso de los residentes. Su labor fue decisiva para añadir otra Escuela de Libertad en Charlotte (ahora hay quince en la ciudad); este programa da clases de verano a alumnos de primaria y secundaria económicamente desfavorecidos para que no pierdan la capacidad de lectura. Las escuelas también proporcionan dos comidas al día a los niños. El Árbol Genealógico QC envía a sesenta niños a la Escuela de Libertad que ellos mismos crearon. También atienden a diez estudiantes de secundaria que aprenden a reparar bicicletas, reciben clases de natación, trabajan y cobran, y hacen cosas divertidas durante el verano.

LEAD: Programa de Reorientación Asistido por las Fuerzas y Cuerpos de Seguridad

Este programa de Seattle fue creado en 2011 por un fiscal de distrito que observó que castigar a los adictos no funcionaba. LEAD ofrece apoyo a las personas detenidas por posesión de drogas antes de que sean arrestadas. En lugar de ser enviados a la cárcel, los detenidos son enviados a trabajadores sociales y reciben asistencia en materia de vivienda y otro tipo de ayuda para que puedan salir de sus adicciones. El programa ha tenido tanto éxito que, a partir de 2019, está operativo en otras treinta y ocho ciudades y condados de todo el país, con planes para su lanzamiento en seis más, y un serio interés por parte de docenas de otros.[55]

Cada una de estas historias nos enseña cómo podríamos ayudar a la gente a afrontar sus necesidades utilizando nuevas técnicas para resolver problemas muy antiguos. El denominador común de estas historias es el uso de la comunidad para conseguir resultados, para reformar vidas rotas, para dar voz a todo lo que preocupa a los alum-

---

55 Página web de la Oficina Nacional de Apoyo
  LEAD, https://www.leadbureau.org/.

nos y a los profesores. Los lazos y vínculos entre las personas son los que ayudan a elevar el comportamiento y las vidas. Como escribió el obispo Tutu: "El ser humano completamente autosuficiente es infrahumano".[56] Es cuando formamos parte de algo más grande que nosotros mismos, valorado y acogido, cuando muchos de nuestros problemas se solucionan.

Todos estos programas apoyan el crecimiento de las personas a las que atienden de muchas maneras diferentes, y todos ellos respetan la dignidad y la iniciativa de los residentes, los estudiantes y los participantes. Este método es muy diferente del enfoque descendente y paralizante del trabajo social tradicional, que se centra en la estructura degradante y limitadora de la asistencia social.

Los programas restauradores honran a las personas a las que sirven y a sus propios sueños para sus vidas; ofrecen una forma totalmente nueva de abordar lo que creemos que son problemas en nuestro país. Cada uno de ellos sugiere otros enfoques ingeniosos que podrían manifestar la visión y las esperanzas y los sueños de las poblaciones pobres. ¿Se les ocurren otros enfoques que podrían funcionar para ayudar a los residentes a salir de la pobreza? ¿Que no juzguen a las personas a las que sirven? ¿Que ayuden a devolverles la ciudadanía y la participación plenas en nuestro país? ¿Que los ayuden a salir de sus apuros?

---

56 Tutu, 22.

Capítulo 12:
Del Olvido a la Conciencia

Al recordar los diecinueve años transcurridos desde la muerte de mi marido, me doy cuenta de que me he estado formando para escribir este libro. En cierto modo, estas páginas reflejan mi propio viaje: de ser una de las personas blancas privilegiadas, aisladas del dolor del mundo que les rodea, a ser una persona que ahora ve realmente a los pobres y necesitados por lo que son, que ama a los que son maltratados y olvidados, menospreciados y desatendidos. Como persona blanca en una cultura dominada por los blancos, asumía muchas cosas, pero el Señor comenzó el proceso de desvincularme de ese privilegio poco después de la muerte de mi marido. Y tal vez Él ya había estado trabajando en mí a lo largo de mi vida mientras sanaba mis propios problemas.

A principios de la década de 2000 pasé tres semanas en el Centro Cultural México-Americano de San Antonio, Texas, trabajando con personas hispanoamericanas. Aprendí lo diferente que algunos de ellos experimentan a Dios, a María y a Jesús. A diferencia de las formas más obstinadas de cristianismo que se practican en Estados Unidos, la suya es una experiencia familiar: Jesús es un miembro de su familia, María su madre, Dios su padre.

Un día, desde San Antonio, hicimos una excursión a Metamores (México). Primero fuimos a un basurero donde vivían muchas familias; recogían metales desechados para venderlos. Allí, niños y adultos iban descalzos. Visitamos una organización benéfica que ayudaba a centroamericanos y mexicanos a reagruparse mientras se preparaban para cruzar el Río Grande hacia Texas. Conocimos a tres jóvenes primos veinteañeros que habían viajado desde El Salvador en el exterior de trenes de mercancías por todo México. El mayor había estado antes en Estados Unidos y había vuelto a casa para traer a sus dos primos pequeños. Pronto cruzarían ilegalmente a Estados Unidos. ¡Oh, lo que ya habían soportado y la horrible bienvenida que recibirían en Estados Unidos!

El año anterior a aquel viaje a San Antonio, hice una gira de diez días por Haití con un pastor de Discípulos de Cristo de Oregón. Durante la semana, por las mañanas trabajábamos en un orfanato para niños enfermos o en un centro de cuidados paliativos, ambos dirigidos por las Misioneras de la Caridad de la Madre Teresa. Como mi marido acababa de morir, opté por trabajar en el orfanato. Allí vi a diez bebés por habitación con un solo cuidador. En una de cada dos cunas había un juguete. Yo sostenía a los bebés y me ponía a llorar. Lo que yo creía que un niño necesitaba para empezar bien la vida -juguetes, experiencias, un adulto cariñoso, alguien que le hablara en su idioma todo el día- nunca lo tendrían esos niños. Todos los muros que había construido en mi interior para mantener alejado el dolor del mundo se derrumbaron.

Por las tardes nos reunimos con varias personas para que nos contaran cómo era Haití entonces: un funcionario del consulado estadounidense, haitianos y otras nacionalidades que trabajaban allí para ONG.

Durante el fin de semana que estuvimos en Haití, dos de nosotros nos alojamos con un anciano del pueblo y su mujer, junto con un traductor. Ese fin de semana, muchos adolescentes del pueblo asistían a un acto de avivamiento que se celebraba a las puertas de la casa. El traductor me dijo más tarde que yo me hubiera sentido como en casa, porque todo giraba en torno al fuego del infierno y la condenación, el tipo de cristianismo en el que yo había crecido.

Nos encerraban en su casa por la noche, dormíamos en el suelo del comedor y teníamos acceso a un orinal. Los residentes temían el culto vudú y, en particular, un árbol a las afueras del pueblo que los vudúes utilizaban. Nadie salía por la noche. En una cena, nuestra anfitriona nos sirvió harina frita. Al día siguiente subimos la montaña hasta el mercado. Al entrar en la zona del mercado, vimos una fila de burros atados a lo largo del camino. Las mujeres, y unos pocos hombres, estaban sentados rodeados de las cosas que vendían. Paseamos por el mercado y saludamos a los mercaderes.

Como ya dije, los muros que había en mí se derrumbaron durante ese primer viaje a Haití. Al año siguiente pasé un mes en Fermat, en las montañas de Puerto Príncipe, viviendo en un orfanato y ayudando al asistente de fisioterapia a mover las extremidades de unos quince niños que iban en silla de ruedas. La mayoría carecía de lenguaje y, aparentemente, de conciencia. También había otro grupo de niños huérfanos y escolarizados en el mismo lugar. Para ellos hice crucigramas sencillos en criollo.

Este también fue un gran lugar de aprendizaje para mí. En primer lugar, me inundaba el miedo, y por cada miedo que surgía en mí, tardaba uno o dos días en decidirme a afrontarlo. Primero, tenía miedo de ser la única persona blanca en un mar de caras negras. Luego tuve miedo de hablar el poco criollo que había aprendido. Y luego me enfrenté a viajar sola a Jacmel, en la costa sur. Cada paso era doloroso esperarlo, pero cuando lo daba, no pasaba nada. La gente se mostraba indiferente ante la única persona blanca a su vista. Esperaban que hablara su idioma. E ir a Jacmel, ¿por qué no?

La impresión que me llevé de Fermat fue la de los niños en silla de ruedas que no hablaban su idioma: Estoy seguro de que habrían preferido volver a nacer tal como eran. Me impactaron, pero esa es la impresión que me dieron.

Estas experiencias, junto con la entrevista para Crisis Assistance Ministry en Charlotte, han abierto mi corazón a la difícil situación de los pobres, que en su mayor parte tiene una causa sistémica y no es culpa de los propios pobres, como muchos suponen en nuestro país. En los últimos dos años he leído varios libros sobre la experiencia de los estadounidenses de raza negra y otras personas de comunidades desfavorecidas, incluidos los dos libros del padre Boyle sobre su trabajo con miembros de bandas para transformar sus vidas. He aprendido sobre el racismo sistémico. He leído La Tercera Reconstrucción, del reverendo William Barber, sobre un nuevo movimiento para cambiar las actitudes y acciones de este país hacia los pobres y necesitados. He leído Teología Negra de la Liberación, de James H. Cone, y Ferguson & Faith, de Leah Gunning Francis, que ofrecen historias asombrosas de la iglesia en las calles. Algunos otros que recomiendo:

> Michael Eric Dyson, *Tears We Cannot Stop: A Sermon to White America (Lágrimas Que No Podemos Detener: Un Sermón a la América Blanca)*
> Samuel G. Freedman, *Upon This Rock: The Miracles of a Black Church (Sobre Esta Roca: Los Milagros de una Iglesia Negra)*
> Pamela Grundy, *Color & Character: West Charlotte High and The American Struggle over Educational Equality (Color y Carácter: El Instituto West Charlotte y la Lucha Americana por la Igualdad Educativa)*
> Philip Gulley, *If the Church Were Christian: Rediscovering the Values of Jesus (Si la Iglesia Fuera Cristiana: Redescubriendo los Valores de Jesús)*
> Toni Morrison, *Beloved and The Origin of Others (Amado y El Origen de los Otros)*

Por supuesto, hay más, la mayoría sobre seguir a Jesús, no como predica la iglesia, sino escuchando y siguiendo realmente esa "vocecita" de Dios. Por supuesto, hay más, la mayoría sobre seguir a Jesús, no como predica la iglesia, sino escuchando y siguiendo realmente esa "vocecita" de Dios.

LLAMADA DE AYUDA A LOS POBRES Y NECESITADOS

A medida que iba asimilando estos libros y lo que dicen sobre mi vida de blanco y la vida de la gente de color, he tenido que reconocer todos los privilegios que he asumido sin cuestionarlos, sin asegurarme de que se extendían a todos en nuestro país. He llorado por el daño que, aunque normalmente sin querer, he causado a otros. Se me han abierto los ojos para ver lo que realmente está pasando. Y todo ello guiado por el Espíritu Morador de Dios.

Martin Luther King, Jr. dijo esta verdad: "Por extraño que parezca, nunca podré ser lo que debo ser hasta que tú seas lo que debes ser."[57] Nadie puede ser libre hasta que todos seamos libres. No creo que muchos de nosotros nos demos cuenta o vivamos para cumplir esta verdad.

Creo que es posible que algunos estadounidenses blancos tengan miedo de los negros porque nuestro país los ha tratado muy mal durante siglos y sigue haciéndolo. La gente puede proyectar su culpa colectiva, su vergüenza y su pecado en los demás y elegir verlos como menos que humanos o menos dignos. La culpa de la comunidad blanca tiene raíces horribles: en antepasados que esclavizaron a otros seres humanos, que violaron a sus esclavos, que colgaron a personas negras por sus "crímenes" en espectáculos públicos, que ensañaron a sus perros con personas negras sin provocación alguna, que utilizaron cañones de agua para sofocar sus rebeliones, que mataron a cuatro niñas negras en una iglesia de Birmingham, Alabama. Algunos en esta comunidad continúan con sus prejuicios contra una población que sólo ha intentado encontrar una buena forma de vivir en este país tras el fin de la esclavitud.

Los pueblos indígenas y los inmigrantes han recibido un trato similar, con grandes esfuerzos para limitar hasta dónde pueden llegar en nuestra sociedad. Los colonos europeos construyeron este país confiscando las tierras de los indígenas y adjudicándoles de nuevo

---

57 James H. Cone, *A Black Theology of Liberation*
 (Maryknoll, NY: Orbis Books, 2010), xxi.

una pequeña parte. Nuestros dirigentes de hoy llaman a los hispanos violadores, ladrones y narcotraficantes para justificar el trato que les damos: reteniendo a los refugiados en condiciones infrahumanas y separando a los niños de sus familias.

Los pecados del pasado y del presente dejan un legado de culpa que alimenta el prejuicio sistémico en nuestra nación contra los estadounidenses que no son blancos, haciendo todo lo posible por mantenerlos oprimidos. Nuestro sistema castiga y no perdona a quienes más necesitan amor y perdón. Como individuos que seguimos a Jesús, es nuestra responsabilidad hacer lo que nuestro sistema no puede.

Capítulo 13:
Conclusión: Confíe en Dios

No seremos libres hasta que todos los hombres y mujeres lo sean. Esta es la verdad de nuestra creación. Esta es la razón de los Diez Mandamientos de Dios y de todos los detalles de la ley en la Torá. Debemos cuidar de todos los demás, sean de nuestra familia o extraños. La forma en que tratamos a los demás demuestra hasta qué punto estamos en paz con nosotros mismos. Si maltratamos a alguien, estaremos maldeciendo nuestra existencia. Fuimos creados para ser una comunidad de toda la humanidad en el vasto sistema interdependiente que llamamos Planeta Tierra. Dependemos de todas las demás personas, animales y plantas para nuestra propia existencia. Cuanto más ignoremos esta verdad, menos nos sentiremos realizados. Estaremos impregnados de una actitud defensiva, de juicios, de culpa y de vergüenza por lo que seguimos haciendo a las personas de otras razas y etnias que no son como nosotros, a otros que en su pobreza y necesidad pueden no ser como nosotros. Si queremos vivir vidas reconfortantes en las que desarrollemos todo nuestro potencial tal y como fuimos creados para ser, permitiremos a todos los demás la misma libertad que tenemos nosotros. Ese es el fondo de toda vida: no tomar más de lo que nos corresponde y utilizar esa parte al máximo de nuestras posibilidades.

James H. Cone, un teólogo que escribía a finales del siglo XX, escribe no sólo desde el punto de vista de los negros, sino desde el punto de vista del propio Dios de colmar a todos con los mismos dones. "El cristianismo es esencialmente una religión de liberación... cualquier mensaje que no esté relacionado con la liberación de los pobres en una sociedad no es el mensaje de Cristo"[58]. De hecho, Jesús comenzó su ministerio con estas palabras de Isaías:

"El Espíritu del Señor está sobre mí
porque me ha consagrado a anunciar la Buena Nueva a los pobres.
Me ha enviado a proclamar la liberación a los cautivos y la vista a los ciegos,
a poner en libertad a los oprimidos,
a proclamar el año de gracia del Señor". (Lucas 4:18-19)

En la opresión no hay libertad ni para el oprimido ni para el opresor. No hay ninguna posibilidad de disfrutar de los frutos de la libertad porque lo que hacemos está tan mal que nos rodea la paranoia y el miedo. Ésa es la lección del apartheid en Sudáfrica y de la esclavitud en Estados Unidos, así como de la actual opresión de los negros estadounidenses. Sólo si nos liberamos del miedo y la paranoia podremos disfrutar de la contribución y la energía de todas las personas de nuestro entorno. Entonces nuestra sociedad podrá prosperar y todos podremos participar de nuestra interdependencia, el gran regalo de este planeta.

Los dos relatos principales de la Biblia, el Éxodo de los esclavos israelitas de Egipto a la Tierra Prometida y la vida, muerte y resurrección de Jesús, nos muestran cómo pasar de la esclavitud del mundo a la libertad a la que Dios nos llama, para vivir en su reino tal y como fuimos creados. Nos enfrentamos a nosotros mismos y a nuestros desafíos confiando en nuestro Señor y permitiendo que Dios nos conduzca a la libertad, a la plenitud. Y llevamos con nosotros a todas las demás personas, sin importar su raza, su educación, el color de su piel o cualquier diferencia. Esa es la voluntad de Dios. Está escrito en toda la Biblia.

Nuevamente el obispo Desmond Tutu:

---

58 Cone, ix.

Dios les pide aquí: "Por favor, sean mis colaboradores. ¿Serán, por favor, mis colaboradores? ¿Quieren ayudarme a cambiar las cosas feas del mundo? ¿Quieren ayudarme a llevar la paz donde hay guerra? Por favor, ayúdenme a llevar la reconciliación donde hay peleas. ¿Me ayudarán, por favor, a llevar alegría donde hay tristeza? ¿Me ayudarán, por favor, a llevar unión donde hay separación? ¿Me ayudarán, por favor, a reunir a los que están separados? ¿Me ayudarán, por favor, a hacer que mis hijos sepan que son mis hijos, que pertenecemos juntos, que sólo juntos sobreviviremos, que sólo juntos seremos libres, que sólo juntos seremos humanos?".

Así que sepan, queridas hermanas y hermanos, que nuestro Dios está con ustedes, nuestro Dios es Emmanuel. Nuestro Dios ha entrado en el horno con ustedes. Y nuestro Dios es el Dios del Éxodo. Nuestro Dios es el Dios liberador. Nuestro Dios nos conduce fuera de nuestra esclavitud. Nuestro Dios nos conduce a la Tierra Prometida.[59]

Depende de nosotros adaptar nuestra voluntad a la de Dios y traer el Reino de Dios a la Tierra. ¿Quiere ser uno de los que sigan los pasos de Jesús y sean amables y acogedores con cada persona que conozcan?

Para reconocer y abrazar a Cristo en cada persona, tenemos que derribar los muros dentro de nosotros que sólo nos permiten juzgar, estar a la defensiva, ser competitivos, ponernos en primer lugar, relacionarnos sólo con nuestra raza o grupo. Todo el egocentrismo que hay dentro de nosotros tiene que desaparecer. Todo lo tribal tiene que desaparecer. Todo lo racial tiene que desaparecer. Así que también la ansiedad, el nerviosismo, la ira... todo eso tiene que desaparecer para poder vivir en los brazos de Dios. No quiero sugerir que hagamos el trabajo de sanación nosotros mismos. Dios tiene que hacer el trabajo. Nosotros no podemos. Nuestra parte es entregar todos estos pecados

---

59 Tutu, 77.

a Dios; entonces Él nos sanará de estas tendencias tan humanas de favorecer a "nuestra propia" gente y a nosotros mismos Así viviremos confiando en que Él cuidará de todos. Que Él nos valorará, nos colmará y nos utilizará en todo nuestro potencial. Que estaremos bien pase lo que pase.

Esta confianza suprema -que seremos cuidados- es lo que nos permite abrazar a todos los demás. Ya no tenemos que preocuparnos por satisfacer nuestras propias necesidades. Dios proveerá. Ya no tenemos que juzgar a los demás, porque ese es el trabajo de Dios. Conoceremos nuestro propósito y se nos mostrará cómo cumplirlo. Estaremos acompañados dondequiera que vayamos, sin preocupaciones. Seremos alimentados y vestidos, nuestra sed será saciada. Todas nuestras necesidades humanas serán satisfechas. Podemos vivir la sabiduría del Salmo veintitrés.

Y así nos relajamos. Hemos aprendido a confiar en Dios en todo. Es decir, ¡en CADA COSA! Y lo amamos y servimos con todo nuestro ser. Amamos a nuestro prójimo como a nosotros mismos. Y realizamos nuestra creación. ¡Todo con la ayuda de Dios!

Acerca del Autor

Patricia Said Adams es directora espiritual, supervisora de directores espirituales, escritora de blogs sobre la vida vivida en Cristo y autora de otros dos libros, *Thy Kingdom Come! y Exodus: Our Story, Too!: From Slavery to the World to the Kingdom of God*. Ella escribe desde la perspectiva de una directora espiritual: *¿Cómo puedo, cómo podemos, vivir esta vida a la que estamos destinados?* Aunque no es teóloga, Adams opina que las creencias son sólo la entrada a una vida cristiana, que la vida comienza realmente cuando empezamos a oír y obedecer la "vocecita" de Dios (1 Reyes 19:12). Si seguimos los suaves murmullos del Espíritu Morador de Dios hasta lo más profundo de nosotros mismos, encontraremos nuestro propósito y la realización de nuestra naturaleza creada sirviéndole a Él y a los demás.

Adams es viuda, tiene tres hijos adultos con sus respectivos cónyuges y ocho nietos, que son la alegría de su vida. Vive en Matthews, Carolina del Norte. Puede leer más en patsaidadams.com y deepeningyourfaith.com.

www.ingramcontent.com/pod-product-compliance
Lightning Source LLC
LaVergne TN
LVHW091603060526
838200LV00036B/977